GISBERT GRESHAKE

GEHEN

Wege – Umwege – Kreuzwege

Patmos Verlag

Albert Rauch,
dem treuen Weggefährten,
gewidmet

Inhalt

Vorwort

Seit vielen Jahren verbringe ich meinen Urlaub in San Pastore, einem kleinen, bis in die Römerzeit zurückgehenden Landgut, etwa 30 Kilometer von Rom entfernt, unweit der sogenannten Monti Prenestini und Simbruini, die ihrerseits geologisch schon zu den Abruzzen gehören. Von hier aus unternehme ich regelmäßig Bergtouren, welche durch zauberhafte Landschaften führen, die in ihrer Einsamkeit und Unberührtheit mit das Schönste sind, was Mittelitalien in dieser Hinsicht zu bieten hat. Deshalb fanden sich viele Jahre hindurch immer auch zahlreiche Mit-Gäste, die sich gern mit auf den Weg machten.

Dies hat sich in letzter Zeit geändert. Immer geringer wurden Bereitschaft und Interesse am Wandern. Ich habe mich gefragt: Warum eigentlich? Als ich vor einiger Zeit der Sache einmal genauer nachging, stieß ich auf eine Studie des Bundesministeriums für Wirtschaft und Technologie, »Grundlagenuntersuchung: Freizeit- und Urlaubsmarkt Wandern« (2010)[1] sowie auf das Statistik-Portal »statista« (2016).[2]

Diesen beiden Dokumenten ist zu entnehmen, dass 2016 (und ähnlich auch schon in den Jahren davor) knapp ein Drittel der deutschen Bevölkerung tatsächlich *nie* wandert, ein weiteres knappes Drittel *ab und zu* (also seltener als ein bis zweimal pro Jahr!) und nur 6,6 Prozent häufig zum Wanderstab greift.[3] Mit anderen Worten: Zwei Drittel der Deutschen wandern nie oder fast nie! Und während bei alldem im Jahr 2014 noch 54 Prozent der Bundesbürger der »Mindestaktivitätsempfehlung« von 150 Minuten Bewegung pro Woche gefolgt sind, waren es 2015 nur noch 45 Prozent. Als Grund für dieses Wander- und Bewegungsdefizit gibt die Hälfte aller Betroffenen an, Wandern sei zu anstrengend und zu langweilig, während ein weiteres Drittel gesundheitliche Gründe anführt.

Aufgrund dieser statistisch belegten Angaben bestätigte sich also meine begrenzte Urlaubserfahrung als ein deutschlandweites Phänomen. Die Menschen wandern weniger, sie machen sich weniger auf den Weg, sie bewegen sich weniger.[4] Dies scheint keineswegs auf Mitteleuropa beschränkt zu sein. So vermerkt Peter Handke, der selbst in vielen Ländern zu Fuß unterwegs war: »Seltsam, wie die Einheimischen, nach dem Weg gefragt, heutzutage schon die kleinsten Strecken sehr weit finden, unmöglich zu Fuß.«[5] Welche Konsequenz hat diese »Abstinenz« vom Gehen und Wandern?

Die soeben erwähnte Grundlagenuntersuchung des Bundesministeriums für Wirtschaft und Technologie stellt aufgrund zahlreicher Studien fest: »Wandern ist gesund!« (114). Im Einzelnen wird dann unter anderem verwiesen auf förderliche Konsequenzen für Herz und Kreislauf, Immunsystem, Diabetes und Atemwege, dann aber auch auf »psychische Effekte des Wanderns« für eine positive Stimmungslage, für den Abbau von Stress und Depression und für die Verlangsamung kognitiven Leistungsabbaus (Näheres S. 15–16 sowie Anm. 13, S. 97). Umgekehrt führt ein Defizit im Gehen zu gesundheitlichen Defiziten. Aber ist das alles? Hat eine »Abstinenz« vom Gehen und Wandern nicht vielleicht auch Konsequenzen für die geistig-geistliche Situation des Menschen, für Religion, Glauben und Spiritualität?

Vor einigen Jahren hatte ich im Rahmen einer Arbeitsgruppe der Deutschen Bischofskonferenz mehrfach eine Begegnung mit P. Ulrich Niemann SJ (1935–2008). Er war nicht nur Priester, sondern auch Neurologe und Psychiater, der bis zum Tod neben seiner Aufgabe als akademischer Lehrer vor allem als Psychotherapeut und Psychoanalytiker tätig war. Dabei wurde er besonders von Priestern und Ordensleuten mit psychischen Problemen frequentiert. In einem Gespräch, das mir seither nicht mehr aus dem Kopf geht, sagte er sinngemäß Folgendes: Von den vielen Patienten, die ich habe, ist die Hälfte geheilt, wenn sie jeden Tag wenigstens eine halbe Stunde gehen oder wandern. Die meisten psychischen Probleme entstehen oder halten sich durch mangels Bewegung beziehungsweise mangels kontinuierlichen Gehens.

Diese seine Erfahrung berührt sich also strikt mit den bereits genannten zahlreichen medizinischen Studien und weitet sie auf den Bereich des Geistig-Geistlichen-Religiösen aus. Damit stellt sich aber auch sogleich die Frage, ob nicht viele Phänomene unserer heutigen Gesellschaft damit zu tun haben, dass man keine mühsamen Wege mehr auf sich nimmt, nicht mehr zu Fuß geht, nicht mehr wandert, nicht mehr das auch den Leib erfassende Unterwegssein sucht und verwirklicht. Dabei soll und kann zunächst einmal offenbleiben, ob auch in diesem Bereich »zuerst das Ei oder das Huhn da ist«, ob also spezifische Probleme des Menschen Defizite im Gehen zur Folge haben oder ob der Mangel an Bewegung zu spezifischen Problemen führt. Jedenfalls dürfte es sich lohnen, einmal der anthropologischen und spirituellen Bedeutung des Gehens nachzu-»gehen« …

Auf diesen Weg möchte ich einladen!

Gisbert Greshake

I
Des Weges gehen

1 Was passiert beim Gehen? Eine kleine Phänomenologie des Gehens

»Weg« meint seiner ursprünglichen sprachlichen Bedeutung nach die räumliche Distanz zwischen zwei Orten,[6] und entsprechend meint »einen Weg gehen« die Überwindung dieser Distanz. Beide Begriffe – Gehen wie Weg – werden schon in ältester Zeit über ihre alltägliche äußere, gewissermaßen »materielle« Bedeutung hinausgehoben und als Sinnbild für das Leben oder einzelne Aspekte des Lebens genommen. So wird »einen/seinen-Weg-Gehen« zum »Grundbegriff menschlicher Existenz« (H. Waldenfels).[7]

Das ist nicht von ungefähr. Das Gehen eines Weges und viele andere Vollzüge des menschlichen Leibes sind mehr als nur stoffliche Abläufe zwecks Erhaltung, Absicherung und Steigerung der leiblichen Existenz. Denn – so fasst Jörg Splett mit einer Vielzahl anderer Autoren kurz zusammen – der Leib ist das *Ursymbol der Seele*, in welchem »die Person sich zur Mitwelt hin aussagt, sich de-finiert … und sich so erscheinend verwirklicht«.[8] Das heißt: Im Leib und in leiblichen Vollzügen zeigt sich »Tieferes«, nämlich die Seele. Im Leib drückt sie sich aus, verwirklicht sie sich; in ihm wird unser innerstes geistig-geistliches Leben »Fleisch« und vermag als solches auch auf anderes und andere einzuwirken. Umgekehrt wirkt der Leib und alles, was in ihm, an ihm und durch ihn geschieht, auf die Seele ein, prägt sie, verwandelt sie, gibt ihr Reife und Vollendung oder führt sie in Verfall und Ruin. Darum ist auch die Tätigkeit des Gehens weit mehr als nur eine Aktivität des Leibes. Im Gehen zeigt sich Tieferes, »Inneres«, eben die Seele des Menschen. Deswegen ist auch ein genauerer Blick auf den (leiblichen) Vollzug des Gehens, auf dessen »Physiologie«, von Wichtigkeit.[9] Auch sie ist transparent für Bedeutungsvolles.

Im Gehen drückt sich – zunächst ganz allgemein betrachtet – *ein* Pol der bipolaren menschlichen Wirklichkeit aus. Zum Menschen gehört es, sowohl an einem Ort zu bleiben, sich mit Gegebenem vertraut zu machen, Ruhe zu finden und zu rasten, aber ebenso gehört dazu, aufzubrechen, sich auf den Weg zu machen, sich auf Neues hin in Bewegung zu setzen, bisher Unbekanntes zu erfahren und zu erkunden. Wer sich auf einen Weg macht, tut das etwa, um Besorgungen zu erledigen, um eine berufliche Tätigkeit auszuüben, um Kontakte mit anderen zu pflegen oder ganz einfach um sich wandernd in Bewegung zu setzen.

Dabei besteht zwischen Gehen und Wandern ein nur durch Konvention gesetzter Unterschied: So definiert Wikipedia kurz und bündig: »Wandern ist eine Form weiten Gehens von mehreren Stunden.« Weiter hebt sich Wandern auch dadurch vom puren Gehen ab, dass es meist zweckfrei geschieht und sich oft in der Natur abspielt. Die in Anm. 1, S. 95 genannte Studie des Bundesministeriums für Wirtschaft und Technologie schließt sich der Definition des DTV (Deutschen Tourismusverbands) und DWV (Deutschen Wanderverbands) an, wonach Wandern sich dadurch vom Gehen abhebt, dass es sich über mindestens einen halben Tag sowie eine Distanz von +/- 13 km erstreckt und sich in einer moderaten bis zügigen Geschwindigkeit abspielt. Doch wird die Diskussion über Definitionen des Wanderns mit der Bemerkung abgeschlossen, »dass sich das Wandern allgemeingültigen, klar definierten und messbaren Parametern entzieht« und der Wortgebrauch deshalb an die Konvention von jeweiliger Redeweise und Praxis gebunden ist.

Wie auch immer: Wer geht, hat ein Ziel vor Augen, das ihn aus dem Hier und Jetzt des Verbleibens und der Ruhe herausreißt und auf etwas Neues hin ausrichtet. Das ins Auge gefasste Ziel und der Weg dorthin erscheinen als notwendiger, wichtiger, angemessener oder faszinierender als das Bleiben am gleichen Ort. Darum bricht man auf, setzt man sich in Bewegung.

Gleichwohl steckt, physiologisch betrachtet, im Gehen selbst noch so etwas wie ein Verharren-Wollen, insofern beim Gehen das eine der beiden Beine (das »Stützbein« oder »aktive Bein«) den Körper trägt und auf festen Boden fixiert, während das andere (das »Hangbein« oder »passive Bein«) sich nach vorn schwingt. Während dieses also vorwärtsdrängt und auf der vor ihm liegenden Wegstrecke neuen Stand sucht und auch findet, bleibt das Stützbein zunächst in Ruhe und löst sich erst dann von seiner Unterlage, um seinerseits den Weg nach vorn einzuschlagen. Und dies in ständiger Abwechslung von Fixierung im Hier und Schwung nach vorn. Man kann das Gehen geradezu »als ein fortwährendes Fallen nach vorn auffassen, welches dadurch verhindert wird, dass das vorwärts schwingende Bein immer einen neuen Stützpunkt findet«. Jedenfalls lassen sich bei jedem Schritt zwei Faktoren unterscheiden: »einen, wo der Körper nur durch ein Bein, und einen kürzeren, wo er durch beide Beine mit dem Boden in Verbindung steht« (Peter Hug).[10]

So sind Gehen und Verweilen phänomenologisch nicht völlig voneinander zu trennen, weil es im Vorwärtsgehen immer auch noch das Moment des Standhaltens und Verharrens gibt, das erst im schnellen, zügigen Gehen und Laufen völlig verschwindet, wo dann tatsächlich immer nur *ein* Bein den Boden berührt. Hier legt man mit ungebremster Macht ein gut Stück Weges »zurück«, wie es heißt, man lässt alles Standnehmen und damit gewissermaßen das »Vergangene«, das Verharren am gleichen Ort, völlig hinter sich. Freilich vermindert jede Last, die man zu tragen hat, sowie jede größere Wegsteigung das Tempo, die Beine »kleben« dann sozusagen am Boden, sind eher dem Vergangenen zugewandt und müssen mit umso größerer Energie ins Vorwärts gebracht werden. Dieser physiologische Ablauf des Gehens wird durch die Bewegung der Arme und das leichte Vorgebeugtsein des Oberkörpers, das dem Körper einen gewissen Schwung verleiht, noch unterstützt und intensiviert.

Beim Gehen wird im ganzen Körper eine überaus heilsame Tätigkeit initiiert: Waden-, Schienbein- und Oberschenkelmuskeln kommen aus ihrer erschlaffenden Untätigkeit heraus, Knie- und Hüftgelenke treten von ihrer potenziellen Verkrampftheit in eine neue Lebendigkeit, das Herz- und Kreislauf- sowie das Stoffwechsel- und Immunsystem wird angekurbelt oder stabilisiert, die Koordinationsfähigkeit des »Systems« Mensch wird insgesamt verbessert. Überdies nimmt die Sauerstoffsättigung des Blutes zu, wovon besonders die Gehirntätigkeit profitiert, welche Endorphine freisetzt, die entspannend und beruhigend wirken. Das zentrale Nervensystem setzt Botenstoffe (Neurotransmitter) frei, welche Kreativität und Denkleistung erhöhen.[11] Bewegung ist damit »die Voraussetzung für das normale Funktionieren des Menschen«, wie die amerikanischen Evolutionsmediziner Randolph Nesse und George Williams hervorheben. Umgekehrt: Wir werden krank, wenn wir zu häufig und zu sehr im Ruhezustand verbleiben. Die heute weitverbreitete Abstinenz vom Gehen ist deshalb für unseren Körper verheerend, ruinös und

Grund für nicht wenige Krankheiten.[12] So bestätigt sich gegenwärtig neu das bereits Hippokrates zugeschriebene Wort: »Gehen ist des Menschen beste Medizin.«

In einem »Zeit«-Artikel aus dem Jahr 2012 von Rosemarie Stein heißt es mit Hinweis auf neueste medizinische Studien: »Misstrauen ist angesagt, wenn ein Mittel oder eine Methode angeblich mehrere ganz verschiedene Krankheiten verhüten, bessern oder gar heilen soll. … Eine Ausnahme aber gibt es. Eine einzige Methode kann gegen so unterschiedliche Leiden wie Herz-Kreislauf-Krankheiten, Krebs, Rückenschmerz und Osteoporose, Depressionen und einige mehr helfen. … Sein Name ist: Bewegung. Deren Effekt ist messbar und steigt mit der Dosierung. Schon mäßige Bewegung wie etwa täglich eine halbe Stunde Walking senkt erheblich das Risiko, zum Beispiel einen Herzinfarkt zu erleiden. … Das Krebsrisiko lässt sich erheblich verhindern.« In dieser Richtung konnten Heidelberger Krebsforscher »60 Studien allein über Dickdarmkrebs und Bewegung und 70 Studien über Brustkrebs und Bewegung auswerten. Das Ergebnis: Das Risiko der Erkrankung an diesen häufigen Krebsform lässt sich durch körperliche Aktivität erheblich verringern …«[13]

Damit sind bereits über den im engeren Sinn gesundheitlichen Bereich hinaus einige Konsequenzen des Gehens, besonders des Wanderns, genannt. Der Mensch taucht gewissermaßen in neue Dimensionen ein. Gehen, zumal wenn es sich als Wandern auf einem längeren Weg vollzieht, führt aus einem vertrauten Raum heraus und ist damit ein Ausschreiten aus Enge in Weite. Das hat zur Folge: »Alles – die Probleme, die Spannungen, die Nervosität, die Ängste, die Gedankenschleifen – löst sich im Gehen um seiner selbst willen. ... Dadurch, dass ich gehe, verändere ich mich von meinem Seinszustand her, werde ein anderer Mensch« (A. Schöpf).[14] Wer wandert oder geht, stellt sich damit in einen Prozess der Wandlung, Wandern führt zum Wandel.[15] Dabei erschließt Gehen aber nicht nur ein anderes Verhältnis zu mir selbst, sondern es bedeutet auch ein neues Erschließen oder Aneignen von Welt. »Wenn du dich auf den Weg machst, öffnet der Horizont seine Grenzen«, lautet ein orientalisches Sprichwort.[16] Jeder Schritt vergrößert den Radius des bisher Erschlossenen, der Blickwinkel ändert sich ständig; die Füße bewegen sich auf neuen Bodenformationen, neue Ansichten treten vor die Augen, neue Klänge in die Ohren. Die Wahrnehmungsfähigkeit für kleine, unscheinbare Details nimmt zu. Ein, wenn auch noch so geringer »Geh-Wind« umstreicht den Körper. Helle Sonnenstrahlen und dunkle Schatten lösen sich ab und führen dazu, beides bewusster zu erfahren und das eine oder das andere zu suchen oder zu vermeiden. Gleiches gilt für den Niederschlag und den Wechsel der Tagzeiten mit ihren je unterschiedlichen Temperaturen und Lichtphänomenen. Im Herbst begleitet das Rascheln des abgefallenen Laubs den Schritt, im Winter das Knarren der Schnee- oder Frostdecke; im Sommer fühlt man auf vielen Wegstrecken wohlig das Teppichpolster des Rasen- oder Waldbodens. Kurz: Man taucht in eine – im Ruhezustand kaum erreichbare – unmittelbare Nähe zur Natur ein bis hin zu einer Art »Verschmelzung«, und man spürt, dass dies »gut tut« und dem Menschen zutiefst entspricht.

Auf diese Weise bietet das Gehen nicht selten auch Gelegenheit und Anlass zu *meditieren*: über das eigene Leben als steter Aufbruch und faszinierende, oft aber ebenso mühselige Wanderung zu einem Ziel, über die Welt in ihrer Dialektik von Enge und Weite, von Größe und Elend, aber auch über die Natur als bergender, oft aber auch gefährlicher Lebensraum. Besonders kann das intensive Verweilen in der Natur dahin führen, dass man sich selbst, das eigene Leben, »in das Gleichnis der Natur legt«[17] (Adalbert Stifter), es auf diese Weise neu sieht und neue Erfahrungen macht.

So schreibt Ute Latendorf in einem Text, der mit »In allen Wetterlagen für das Leben lernen«[18] überschrieben ist:

Von der Sonne lernen, zu wärmen,
von den Wolken lernen, leicht zu schweben,
von dem Wind lernen, Anstöße zu geben,
von den Vögeln lernen, Höhe zu gewinnen,
von den Bäumen lernen, standhaft zu sein.

Von den Blumen das Leuchten lernen,
von den Steinen das Bleiben lernen,
von den Büschen im Frühling Erneuerung lernen,

von den Blättern im Herbst das Fallenlassen lernen,
vom Strom die Leidenschaft lernen.

Vom Regen lernen, sich zu verströmen,
von der Erde lernen, mütterlich zu sein,
vom Mond lernen, sich zu verändern,
von den Sternen lernen, einer von vielen zu sein,
von den Jahreszeiten lernen,
dass das Leben immer von Neuem beginnt.

Doch da ist noch ein weiterer ganz wichtiger Faktor: Im Gehen fordert gerade auch der *Leib* »sein Recht«. Nicht selten muss man die Geschwindigkeit reduzieren und, ob man will oder nicht, langsamer gehen, gelegentlich innehalten, Pausen einlegen, notwendige Nahrung, vor allem Flüssigkeit, zu sich nehmen und – last not least – zu weit gefasste Ziele nach unten korrigieren. In alldem stößt der Mensch handgreiflich an seine Grenzen, erfährt er an den Schranken, die der eigene Leib setzt, dass seinem Verlangen nach Omnipotenz Einhalt geboten ist. Und genau diese Grenzerfahrungen können, wenn sie bejaht und angenommen werden, zu einer erheblichen Entschleunigung des Lebens führen, sie sind kontrafaktisch gegen vieles, was für die heutige Gesellschaft charakteristisch ist. Denn zur sogenannten »Postmoderne« gehören Hochgeschwindigkeit und Beschleunigung in allen nur denkbaren Bereichen. Dazu einige Zeilen von Christof May, der darin wichtige Gedanken aus der Gegenwartsliteratur zusammenfasst: »Die Maxime der Erlebnisgesellschaft[19] ›Erlebe dein Leben‹ lässt sich nur realisieren von demjenigen, der sich auf ein Leben im ›Speed-Age‹ einlässt. Alles muss schnell gehen. Im Fast-Food-Stil rast der Mensch durch sein Leben, wobei er das Warten verlernt hat. Seine Bedürfnisse müssen sofort befriedigt werden, denn durch die vielen Instantangebote und -möglichkeiten kann er es sich nicht leisten, geduldig auf eine Bedürfnisbefriedigung zu harren. … Ursprünglich sollte die Mobilität und die Flexibilität [wie auch die Beschleunigung] dem Menschen helfen, Zeit zu sparen, die er als frei verfügbare Zeit nützen könne. Jedoch führt die ›Chronokratie‹ dazu, dass sich das Leben wie ein großer Stundenplan ausnimmt, auf dem ein Termin nach dem anderen – egal ob Arbeit oder Freizeit – abgehakt werden. In dieser Unübersichtlichkeit der Beschleunigung … gerät der Mensch in Panik, denn seine Lebenszeit erscheint ihm kurz. Er leidet an einem ›chronischen‹ Zeitmangel. Und die Perspektive, dass er während seines Lebens nicht alle Möglichkeiten verwirklichen kann … lässt ihn schließlich auf der Strecke bleiben.«[20]

Diametral gegen solche, letztlich unmenschliche Beschleunigung des Lebens und alle »Chronokratie« steht das Gehen. Denn Gehen heißt, einen Weg zu absolvieren mit den *begrenzten* Kräften des Leibes und den *geduldigen* Anstrengungen der Füße. Die Geschwindigkeit bleibt moderat, Pausen sind notwendig und wohltuend, auf die Befriedigung vieler Bedürfnisse (Komfort, Bequemlichkeit) wird bewusst verzichtet. So findet allein schon im Faktum des Gehens eine heilsame Entschleunigung des Lebens und damit die Wiedergewinnung eines wichtigen Faktors gelingenden Menschseins statt.

Noch in einem weiteren Punkt stellt das Gehen fragwürdige Fixpunkte heutigen gesellschaftlichen Lebens an den Pranger: Gehen ist auf ein Ziel hin ausgerichtet. Mit den Worten von Friedrich Schorlemmer: »Der Weg erweist sich als ein Weg des Ziels, oder er gerät zum unentschlossenen Hin und Her, zum opportunistischen Hier und Da, zum konzeptionslosen Vor und Zurück, zum hektischen Kreuz und Quer. … Alles ist überwindbar, wenn die (Aus-)Richtung stimmt. Das Ziel gibt die Kraft, bevor es erreicht ist.«[21]

Das alles ist zweifellos richtig. Aber es darf nicht übersehen werden, dass es neben der generellen Beschleunigung des Lebens ebenfalls zur Eigenart der Postmoderne gehört, dass man Wege absolviert, ohne überhaupt ein Ziel ins Auge zu fassen! Mit den Worten von Christof May: »Der Mensch der Postmoderne findet … seinen symbolischen Ausdruck in der Gestalt des Touristen beziehungsweise des Vagabunden. Er zieht ziellos umher.«[22] Detlef Lienau beschreibt diesen Typus so: »Der Tourist als Typus des postmodernen Menschen hält sich wie ein Flaneur aus den Dingen heraus, er geht vorüber und es geht vorüber: folgenlos, episodisch, oberflächlich. … Sein Signum ist die verspiegelte Sonnenbrille. Er betrachtet, ohne sich selbst ansprechbar zu machen. … Er sucht Erfahrungen, aber das Fremde soll nicht auf der Haut haften bleiben. Es soll zugleich eindrucksvoll sein, um intensives Erleben anzuregen, und harmlos. … [Die Welt soll] ihn nicht binden, sondern erregen, amüsieren und unterhalten. Weil die Welt nicht mehr zu überblicken ist und sich viel zu schnell wandelt, ist er ziellos unterwegs und vermeidet dauerhafte Bindungen.«[23]

Was für den Touristen und Vagabunden zählt und was ihn auf dem Weg hält, ist allein der konsumierbare Erlebnisgehalt dessen, was ihm an kleinen Episoden begegnet oder was er sich selbst darin schafft. Es gibt kein Weg-»Konzept« mit einem Ziel mehr, sondern nur »ein Konglomerat zusammengesetzter fragmentarischer Erlebnisse« (Chr. May).[24] Demgegenüber gehört zur wahren und vollen Gestalt des Gehens das Ziel und das damit gegebene Sich-Einlassen auf einen zielführenden Weg.[25]

Die genannten Charakteristika sinnvollen Gehens lassen sich auch erfahren, wenn man mit anderen zusammen wandert. Denn so schön und ungemein wichtig es ist, allein unterwegs zu sein, so hat doch das gemeinsame Wandern eine nochmals neue, tiefere Bedeutung: Es macht offen für andere, für deren Lebensrhythmus, Bedürfnisse, Erfahrungsweisen. Zumal wenn das Gehen sich in einer fremden Umgebung abspielt, wird das, was gemeinsam ist und verbindet, umso bewusster.[26] Dazu kommt noch, dass das gemeinsame Erleben Masken fallen lässt und zu einem »einfachen«, also unkomplizierten Umgang miteinander führt. Ähnliches ist zu sagen, wenn man zwar allein geht, aber für Begegnungen auf dem Weg offen ist, wenn man Menschen am oder auf dem Wege nach dem Woher und Wohin fragt, Erfahrungen und gute Wünsche austauscht oder gar Hilfe in Anspruch annimmt oder anderen schenkt.

Wenn sich nun – wie dies ganz generell vom leiblichen Leben gilt – sowohl im physiologischen Ablauf des Gehens wie im Zurücklegen eines Weges und der damit gegebenen neuen Erfahrungsintensität die Seele ausdrückt, so lässt sich das Gehen, jeder Schritt und erst recht das Realisieren eines Weges verstehen als ein ständiger zielgerichteter Aufbruch gegen alles innere geistige Verharren und Fixiertsein im Hier und Jetzt und als ein intensives Sich-Ausstrecken auf das, was vor einem liegt. Damit zeigt sich: Das Gehen steht unter dem Vorrang der Zeit, während das Verharren die Dimension des Raums betont. Der Raum steht unter der Devise des Bleibens, des Besitzen-, des Haben- und Besetzen-Wollens, der Absicherung, der Abgrenzung vom anderen. Das Gehen und der damit eröffnete Vorrang der Zeit dagegen bedeutet Offenheit, Prozess, Weite, Grenzüberschreitung. Man lässt, vor allem bei tagelangen Wanderungen, Bequemlichkeit, Komfort und eingefahrene Gleise hinter sich. »Man durchschreitet Räume, ohne sie besitzen zu wollen, überschreitet Grenzen, die blockieren wollen« (St. Kiechle).[27] Deshalb – so schreibt Papst Franziskus – »ist die Zeit mehr wert als der Raum«. Denn sie steht »in Beziehung zur Fülle, und zwar als Ausdruck für den Horizont, der sich für uns auftut«,[28] und dies gerade im Gehen. Deshalb ist »eines seiner [nämlich von Papst Franziskus] bevorzugten Verben ›camminare‹ (gehen, wandern)« (R. Vinco).[29]

So ruft das Gehen nicht nur eine neue Lebendigkeit des leiblichen Organismus hervor, sondern auch des menschlichen Geistes. Das Gehen »macht« etwas mit unserer Seele. Es lösen sich nicht nur die »Knoten« von Muskeln und Gelenken, sondern auch die Knoten des Denkens, Aporien und Sackgassen, in die man geraten ist, sowie die Knoten von Melancholie, Depression und Apathie, die das Leben verdunkeln. Aggressionen lassen sich nirgends besser als im Gehen abbauen, ebenso die »Störfeuer« von Seiten der dunklen Seiten unseres Lebens, die uns die Stimmung und innere Ruhe verderben. Kurz: Im Gehen reagiert man gewissermaßen seine sowohl körperlichen wie geistigen Spannungen ab.

Mehr noch: Einen Weg gehen – das bedeutet auch geistigen Aufbruch, es bringt mit sich eine neue geistige Initiative und neue Kreativität. Wo solches körperliche Gehen unterbleibt, ist die Gefahr groß, dass Aufbrüche des Geistes in einer bloßen »velleitas«, das heißt einer nur träumerischen, aber unwirksamen Sehnsucht, stecken bleiben.

Das hat unter anderem ganz praktische Konsequenzen für eine angezielte geistliche Neuorientierung, wie sie etwa in den Ignatianischen Exerzitien intendiert wird (wobei die Folgen nicht nur für geistliche Exerzitien, sondern für jede Form von geistiger Neuorientierung gelten). Hans Schaller, erfahrener Exerzitienbegleiter, schreibt mit Recht:

»Bleiben wir für Exerzitien in den gewohnten vier Wänden, dann ist die Gefahr nicht gering, auch in den alten Sichtweisen und den gewohnten Gleisen zu verharren; wir bleiben in der Defensive, wehren uns, bewusst oder unbewusst, gegen jede mögliche Veränderung des Lebens, lassen Gott im Grunde weder Raum noch eine Chance, mit seinem Wort oder gar mit einer Überraschung dazwischenzukommen. Wenn wir hingegen die vertraue Umgebung verlassen, geben wir ein Stück unserer Sicherheiten auf, machen uns angreifbar und verletzbar. Wir stellen uns damit ausdrücklich auf etwas Neues ein.«[30]

Aber was ist, wenn man aus gesundheitlichen oder anderen Gründen nicht gehen kann und an einen bestimmten Ort gebunden ist? Vielleicht hilft hier der Hinweis auf die mittelalterliche Praxis einer »geistlichen Pilgerfahrt« weiter.[31] Man wählt auf Karten oder aus Reiseführern einen Ort und eine Wegstrecke dorthin aus und versucht, mit Hilfe der Fantasie sich einen Weg *vorzustellen* und mit Hilfe der Vorstellungskraft eine geistig-geistliche Neuorientierung »auf den Weg« zu bringen. Jedenfalls wirkt im Gehen nicht nur der Geist auf den Körper ein, sondern auch der Körper auf den Geist.

Vor dem Hintergrund des bisher Erörterten wird verständlich, dass schon Aristoteles seine Lehre *im Gehen* entwickelt hat, indem er nämlich lehrend mit seinen Schülern durch die Wandelhalle *(peripátos)* hin und her ging. Deshalb nannte man sie und nennt man sie bis heute Peripatetiker. Diese Tradition samt den darin gegebenen Erfahrungen ging bis in die Neuzeit weiter. So tat Friedrich Nietzsche den Satz: »Alle wahrhaft großen Gedanken kommen einem beim Gehen.«[32] Etwas ausführlicher heißt es bei ihm, auf das schriftliche Niederlegen von »Gedanken« bezogen, in einem seiner Gedichte, das den Titel trägt »Mit dem Fuße schreiben«[33]:

Ich schreib nicht mit der Hand allein:
Der Fuß will stets mit Schreiber sein.
Fest, frei und tapfer läuft er mir
Bald durch das Feld, bald durchs Papier.

Ganz ähnlich liest man bei Søren Kierkegaard[34]: »Ich laufe mir jeden Tag das tägliche Wohlbefinden an, und entlaufe so jeder Krankheit; ich habe mir meine besten Gedanken angelaufen, und ich kenne keinen Gedanken, der so schwer wäre, dass man ihn nicht beim Gehen loswürde. … Beim Stillsitzen aber, und je mehr man stillsitzt, kommt einem das Übelbefinden nur umso näher. Allein in Bewegung ist die Gesundheit und das Heil zu finden.«

In einer nochmals anderen Perspektive vermerkt Thomas Bernhard[35]: Gehen und Denken sind zwar nicht ein »totales Ganzes«, doch »müssen wir gehen, um denken zu können, … wie wir denken müssen, um gehen zu können, eines aus dem andern und eines aus dem andern mit einer immer noch größeren Kunstfertigkeit. … Gehen und Denken stehen in einem ununterbrochenen Vertrauensverhältnis zueinander.«

Dieser Zusammenhang von Gehen und Denken wird bei jedem gewiss sehr unterschiedlich sein. Ich selbst habe die Erfahrung gemacht, dass ich dann, wenn ich bei größeren Studien in einer Sackgasse steckte, bald einmal eine größere Wanderung unternahm. Dabei rief ich mir zwar zu Beginn das mich beschäftigende Problem ins Bewusstsein, ließ es dann jedoch spontan los, ganz einfach, weil ich mich auf das, was beim Wandern geschah, zu konzentrieren hatte: auf den Weg, die Landschaft, das Wetter, die Beanspruchung des Leibes usw. Wenn ich aber dann, manchmal total erschöpft, zurückkehrte, war nicht selten das Problem zwar nicht unbedingt gelöst, aber ich fühlte mich aus einer Sackgasse befreit und sah neue, stimmige(re) Perspektiven für eine Lösung. Gehen reißt neue Horizonte auf!

Wenn wir also lesen, dass Menschen in der Vergangenheit riesige Wegstrecken zu Fuß absolviert haben – zum Beispiel Thomas von Aquin (1225/26–1274) trotz und bei seiner Dickleibigkeit mehr als 10 000 Kilometer, Peter Faber SJ (1506–1546), der erste Gefährte des heiligen Ignatius von Loyola, in nur sechs Jahren (!) um die 20 000 Kilometer[36] –, so wäre es zu einseitig, dies einzig und allein auf das Fehlen von Verkehrsmitteln, wie sie uns heute *en masse* zur Verfügung stehen, zurückzuführen. Auch früher gab es bereits Verkehrsmittel, wie Esel, Pferd und Wagen. Aber nicht wenige Menschen haben ganz bewusst darauf verzichtet und das Gehen mit Bedacht gewählt, so beispielsweise die Bettelorden und ihre Sympathisanten. Das *per pedes apostolorum* –»zu Fuß wie die Apostel« galt nicht nur als Zeichen evangelischer Armut, sondern basierte auch wohl auf Erfahrungen, wie sie Nietzsche, Kierkegaard und Bernhard in obigen Zitaten beschreiben und jeder sie auf seine *Weise nachvollziehen kann.*

Kleiner Exkurs über das Pilgern

Dieser kleine Rückblick auf Erfahrungen in Geschichte und Gegenwart wäre unvollständig, ohne wenigstens ganz kurz auf das Phänomen des Pilgerns zu blicken. In ihm hat das Wandern seinen kulturellen Ursprung. Dabei lässt sich im strengen Sinn unterscheiden zwischen Pilgern und Wallfahren: »Pilgern braucht nicht den Willen zur Rückkehr, es kann im Gegensatz zur Wallfahrt sogar ausdrücklich darauf verzichten und zum existenziellen Programm werden: *vita est peregrinatio*, das Leben ist eine Pilgerfahrt« (D. Lienau).[37] Als weitere Differenz zwischen beidem kommt hinzu, dass Wallfahren nicht selten ein kürzeres, liturgisch eingebundenes und gemeinschaftliches Unternehmen ist, während Pilgern (jedenfalls in der Vergangenheit) oft eine individuelle Lebensform besagt.

Im Pilgern oder Wallfahren realisieren sich nicht nur alle Grundzüge des Gehens, sie finden hier auch ihre Hochform:[38] Der Pilger – als solcher das genaue Gegenteil eines Touristen oder Vagabunden – vollzieht einen mitunter langen und mühsamen Weg, der ihn aus Bequemlichkeit und Ruhe herausreißt und ihn dezidiert auf ein Ziel hin ausrichtet, das er diametral gegen alle Beschleunigung des alltäglichen Lebens und fernab von jedem Event-Konsum erreichen will. Er möchte am Ankunftsort »dem Heiligen« begegnen, und zwar in den ganz unterschiedlichen Formen und Gestalten, in denen dieses sich in den verschiedenen Kulturen und Zeiten zeigt. Sehnsucht nach »dem Heiligen« ist dabei zugleich Sehnsucht nach einer Heimat, in der der Mensch einmal ganz zu Hause sein wird. So ist der Pilgerweg ein Sinnbild für die menschliche Existenz, die sich gerade im Unterwegssein mit dessen Anstrengungen des Leibes und der Seele neu entdeckt. Der Mensch erfährt sich als »homo viator«, als »Bewegung« fort aus dem »Exil« dieser Welt hin zur Ewigen Heimat. Dieser, wenn man so will, »eschatologische« Grundzug des Pilgerns findet sich bereits im alttestamentlichen Judentum mit seinen regelmäßigen Tempelwallfahrten[39] sowie in der islamischen *ḥağğ* nach Mekka.[40]

Wir sahen bisher: Das Gehen eines Weges bringt viel mehr zum Ausdruck als nur die Überwindung von räumlicher Distanz. Es geht hier »nicht bloß um eine Fortbewegung, nicht bloß um körperliche Ertüchtigung, um sinnvolle Freizeitbeschäftigung, sondern es werden beim Gehen die tiefsten Schichten des menschlichen Bewusstseins angesprochen. Der Mensch erfährt sich selbst als einen, der wesentlich auf dem Weg ist« (A. Grün).[41] Gehen, zumal lang andauerndes Gehen, also Wandern, ist ein leib-geistig-geistliches Geschehen von ganz hohem Rang. Diese Einsicht wird nochmals vertieft, wenn man auf die sprachliche Verwendung des Begriffs »Weg«, der ja ganz eng mit dem des »Gehens« verbunden ist, näher betrachtet. »Weg« hebt sich nämlich weit über seine alltägliche, die äußere Distanz ins Visier nehmende Bedeutung hinaus und steht als Sinnbild für das Leben oder für einzelne Aspekte des Lebens. So bezeichnet »Weg« nicht nur die *Art und Weise* der alltäglichen Lebenspraxis mit ihren Er-»Fahrungen«, die man auf eben dieser »Fahrt«[42] macht (»So und so bin ich meinen Weg gegangen!«), der Weg ist vor allem verbunden mit dem jeweiligen Lebens*ziel* und der Ausrichtung, wie einer es erreicht oder nicht erreicht (»Damals habe ich diesen oder jenen Weg eingeschlagen, kam aber nicht zum Ziel!«). Weg kann also nicht nur den ganzen Lebensweg und dessen Ziel meinen, sondern auch die Lebensform und -führung, den Modus des Lebenswandels, die jeweilige innere Einstellung und Haltung des Sich-Verhaltens und Handelns.

So wie der äußere Weg zur Metapher geworden ist, so auch das Gehen eines Weges. *Dabei ist bemerkenswert, dass die ganz enge Verknüpfung von Weg und Gehen erst so recht in der Heiligen Schrift geschieht.* Denn während der Weg schon in der altgriechischen Literatur eine symbolische Bedeutung hat, kommt Gehen im Profangriechischen »nur selten in übertragenem Gebrauch vor«.[43] Das ändert sich erst dadurch, dass im Alten Testament das Leben des Menschen als ein »den Weg gehen vor Gott« beziehungsweise »auf den Wegen Gottes« verstanden wird. Diese Formulierungen durchziehen das ganze Alte Testament.[44] Der in diesem Zusammenhang nicht selten erscheinende Befehl Gottes an Menschen »Geh!« drückt dabei – im Alten wie im Neuen Testament – den Auftrag zu einer göttlichen Sendung aus, so wie auch das »Gehen« Jesu »keineswegs bloße Schilderung, sondern Ausdruck seiner Sendung« durch den Vater ist.[45]

Vor dem Hintergrund dieser »Symbolisierung« von »einen/seinen-Weg-Gehen« wird der Weg von Anfang der abendländischen Geschichte an zu einem wichtigen philosophischen Begriff. Schon beim vorsokratischen Philosophen Parmenides wird die Erforschung des Seins als ein Weg verstanden, »der weitab vom üblichen Pfad der Menschen liegt«, ein Weg, der einer besonderen, zielgerichteten Untersuchung bedarf, weil Gewohnheit nicht dazu verleiten darf, »über diesen Weg das ziellose

Auge schweifen zu lassen«.[46] Damit deutet sich schon eine wichtige platonische Idee an, wonach das rechte Gehen des Weges eines zielgerichteten Suchens, also einer Methode (*méthodos* = eines Mittels, mit dem man den Weg geht) bedarf.[47] Doch nicht nur die Suche nach Verstehen wird als Weg begriffen, sondern vor allem auch das menschliche Leben selbst. Am Beispiel des sogenannten »Höhlengleichnisses«[48] spricht Platon vom beschwerlichen Weg, den der Mensch aus dem Schattenreich der vergänglichen Dinge, an die er gebunden ist, ans Licht des Unvergänglichen gehen muss, sowie vom Weg, den der »Erleuchtete« dann zurück zu den noch in Finsternis befangenen Mitmenschen zurückzulegen hat, um diesen auf ihrem Weg zu helfen.

So ist das Leben – wie es durchgehend in der ganzen abendländischen Philosophie herausgestellt wird – ein Weg. Mehr noch: Der Mensch selbst ist ein Weg, wie Friedrich Nietzsche es formuliert. Für ihn ist »der Mensch kein Ziel, sondern nur ein Weg, ein Zwischenfall, ein großes Versprechen«,[49] etwas, dessen Wesen, Sinn und Ziel sich erst im Gehen des Weges herausstellt. Ähnliche Gedanken, und zwar konkretisiert in Bezug auf den Weg des *Denkens*, finden sich auch bei Martin Heidegger, von dem schon zwei Buchtitel sehr bezeichnend sind: »Holzwege« und »Wegmarken«. Beide Werke thematisieren die Offenheit des menschlichen Denkweges, sie geben kein definiertes Wissen vor, sondern lassen einen Weg gehen, »der sich dem Denken nur unterwegs andeutet: zeigt und entzieht. … Wer sich auf den Weg des Denkens gibt, weiß am wenigsten von dem, was als die bestimmende Sache ihn – gleichsam hinterrücks über ihn hinweg – zu ihr bewegt«.[50] So weist gerade in der neuzeitlichen Philosophie die Metapher Weg auf das Offene, Unbestimmte, Gefährliche des menschlichen Lebens hin.

Entsprechend ist auch die gesamte abendländische Literatur voll von Symbolen und Metaphern, die das Gehen eines Weges zum Gegenstand haben. Das Gehen kann dabei hoffnungsvoll und zielsicher sein – so wird es in der abendländischen Kultur nicht selten als Gehen eines »Aufstiegswegs« charakterisiert –, es kann aber auch als einzige »Absurdität« erfahren und beschrieben werden, wie es etwa Thomas Bernhard in folgendem, wohl bewusst absurd formulierten Text tut: »Wir dürfen nicht denken, warum wir gehen, … denn dann wäre es uns bald nicht mehr möglich, zu gehen und konsequent weiter, wäre uns bald überhaupt nichts mehr möglich, wie auch, wenn wir denken, warum wir nicht denken dürfen, warum wir gehen und so fort, wie wir auch nicht denken dürfen, wie wir gehen, wie wir nicht gehen, also stehen, wie wir nicht denken dürfen, wie wir, wenn wir nicht gehen und stehen, denken und so fort. Wir dürfen uns nicht fragen: Warum gehen wir?, wie andere, die sich ohne Weiteres fragen dürfen (und können), warum sie gehen.«[51]

Der Weg kann aber auch als voller Hindernisse und Leiden, als ein mühsames Sich-Abrackern und Probieren erfahren werden, angesichts dessen der Mensch endlich

Rast und Ruhe finden will, endlich Heimat, endlich Dauer, endlich erfülltes Sein. In diesem Kontext dichtet Hermann Hesse:

Uns ist kein Sein vergönnt. Wir sind nur Strom,
Wir fließen willig allen Formen ein:
Dem Tag, der Nacht, der Höhle und dem Dom,
Wir gehn hindurch, uns treibt der Durst nach Sein.

So füllen Form um Form wir ohne Rast,
Und keine wird zur Heimat uns, zum Glück, zur Not,
Stets sind wir unterwegs, stets sind wir Gast,
Uns rufe nicht Feld noch Pflug, uns wächst kein Brot.

Einmal zu Stein erstarren! Einmal dauern!
Danach ist unsre Sehnsucht ewig rege,
Und bleibt doch ewig nur ein banges Schauern,
Und wird doch nie zur Rast auf unsrem Wege.[52]

So ist es kein Wunder, dass auch in sehr vielen Religionen »das Gehen eines Weges« eine hochbedeutsame Rolle spielt, sei es, dass Religionen Anweisungen zum Gehen jenes Weges geben, der zum Heil, zur Ruhe und Heimat führt, sei es, dass sie zur Nachfolge auf den Weg des Stifters einladen, sei es, dass dieser selbst, wie Jesus Christus, als »der Weg«, an dem der Glaubende Anteil erhält, vorgestellt wird (Joh 14,6). So finden wir in nahezu allen Religionen durchgehend eine »Symbolisierung« des Weg-Begriffs. Das heißt: Dieser wird nicht als räumliche Verknüpfung zweier Punkte verstanden, sondern als die *Weise des Lebens*, die zum »Heil« führt, letztlich zu Gott als dem eigentlichen und letzten Ziel allen Unterwegsseins. Entsprechend dieser zentralen Stellung des Begriffes Weg spielt in zahlreichen Religionen (wie ebenso im Christentum) auch die sakramental-zeichenhafte Darstellung dieser Wirklichkeit eine wichtige Rolle: Man geht im Kult einen bestimmten Weg (in Prozessionen, in Tempel- und Altar-Umschreitungen, im Abgehen einer heiligen Strecke, die durch bestimmte Stationen charakterisiert ist), und – nicht zuletzt! – gibt es die Praxis religiöser Pilgerschaft, auf der das, was das ganze Leben ausmacht, ausmachen sollte, leibhaftig-»sakramental« praktiziert wird,[53] bis dahin, dass zum Beispiel im Buddhismus das Gehen selbst eine Form der Versenkung sein kann.[54] Aber auch dem Christentum ist dieser Gedanke nicht fremd. So schreibt Teresa von Ávila an ihren Bischof Teutonio de Braganza, der während einer Reise über innere Leere und Lauheit klagt: »Gehen Sie spazieren: Die Zeit, die Sie dafür verwenden, geht dem Gebet nicht verloren!«[55]

4 Den Weg Gottes gehen

Im Rahmen dieser umfassenden Bedeutung von Gehen, verbunden mit einer gleichfalls weit ausgreifenden Weg-Metaphorik, nimmt der biblische Glaube eine hervorgehobene Stellung ein.[56] Die ganze sogenannte

»Heilsgeschichte« beginnt mit der Aufforderung Gottes, *sich auf den Weg zu machen*: »Der Herr sprach zu Abram: Geh fort aus deinem Land, aus deiner Verwandtschaft und aus deinem Vaterhaus in das Land, das ich dir zeigen werde. … Da ging Abram, wie der Herr ihm gesagt hatte« (Gen 12,1.4). Dieses Sich-auf-den-Weg-Begeben hat nach Hebr 11,9 zur Folge, dass Abraham sich als Fremder im fremden Land aufzuhalten hatte, dass er ständig in Zelten wohnte und also dauernd unterwegs war. Bezeichnend ist, dass er sich nur eine Grabhöhle als festes Eigentum erwarb (vgl. Gen 24), sonst war sein »Ort« *der Weg*. Denn als »Fremde und Gäste« – so interpretiert Hebr 11,13f – waren Abraham und sein Gefolge auf der Suche nach ihrer wirklichen, das heißt himmlischen Heimat. In diesem gläubigen Sich-auf-den-Weg-Machen und Auf-dem-Weg-Bleiben, »ohne zu wissen, wohin er kommen würde«, sieht Hebr 11,8 die entscheidende Tat des Glaubensgehorsams Abrahams. Als »Mann des Weges« ist er der Vater aller Glaubenden (vgl. Röm 4).

Auch die »Frühgeschichte« Israels (wie die Schrift sie versteht) ist eng mit der Erfahrung des Weges verbunden, und zwar des langen Weges durch die Wüste in das Land der Verheißung. Die von Gott Befreiten müssen auf diesem Weg ihre »alten Gewohnheiten ablegen und sich auf eine gefährliche Wanderung durch die Wüste begeben. Das neue Leben bedeutet, unterwegs zu sein, die Heimat noch nicht gefunden zu haben« (K. Runstorfer).[57] Dieser »ganze Weg, den wir gegangen sind«

(Jos 24,17), soll in allen Generationen ständige Erinnerung bleiben: »Du sollst an den ganzen Weg denken, den der Herr, dein Gott, dich während dieser vierzig Jahre in der Wüste geführt hat, um dich gefügig zu machen und dich zu prüfen« (Dtn 8,2). Zwar ist es hier, wie auch sonst, der Mensch, der sich auf den Weg macht und auf dem Weg zu bleiben hat (statt den Weg aufzugeben und in die narkotisierende Ruhe der »Fleischtöpfe »Ägyptens« zurückzukehren), aber es ist Gott selbst, der diesen Weg eröffnet, den Menschen auf den Weg schickt und dessen Gehen begleitet, es trägt (Dtn 1,31), ihm vorangeht (Dtn 1,33) und immer neu »Wege durch die Wüste anlegt« (Jes 43,19). Gott ist es, der die Wege des Menschen behütet und beschützt (vgl. Ex 23,20; Jos 24,17; Jdt 12,16), der sie in seiner Hand hat und dem »alle Wege des Menschen gehören« (Dan 5,23). Deshalb gibt es für Israel »nur *einen* legitimen Weg, nämlich von Gott im Bund gewiesenen Weg der unbedingten Nachfolge … und den des Gehorsams und der Gesetzeserfüllung« (F. Nötscher).[58] Geht der Mensch diesen Weg, den Gott ihm eröffnet und weist, so wird er »Weg des Herrn« genannt (zum Beispiel Jer 7,23; Dtn 8,6). Diese »Wege Gottes« übersteigen zwar oft das menschliche Fassungsvermögen (siehe Jes 55,8), sie können in Glauben und Vertrauen aber als »Huld und Treue« Gottes gepriesen werden. Gegen die Wege Gottes stehen jene des Menschen, der dem »Weg des eigenen Herzens folgt«.[59] Solche Wege sind »Wege des Todes« gegenüber den von Gott gewiesenen »Wegen des Lebens«.[60]

Neben diesen Aussagen gibt es in andern Zusammenhängen auch Schriftstellen, in denen die »Wege des Herrn« jene Wege meinen, die Gott *selbst* für die Menschen und mit ihnen geht: »In der Wüste bahnt den Weg des Herrn« (Jes 40,3). Es ist also *sein* Weg, den der Mensch aber »mitbereiten« kann und soll (vgl. Mt 3,3). Auf diese Weise zeigt sich Israels Gott als Weg-Gott. Er wird im Mitgehen »selbst zum Nomaden. … Nur so kann er bei seinem Volk sein. Näher kann man nicht dran sein, stärker sich nicht identifizieren als im Mitgehen. Der Weg entsteht im Gehen mit Gott, ist untrennbar an ihn gebunden.«[61] Deshalb kann der Beter sprechen: »Auch wenn ich gehe im finsteren Tal, ich fürchte kein Unheil; denn du bist bei mir« (Ps 23,4) und: »Wir gingen durch Feuer und Wasser, doch du hast uns herausgeführt, hin zur Fülle« (Ps 66,12).

Das Bild des Weges spielt auch eine zentrale Rolle für das Verständnis dessen, was die Bibel unter Wahrheit versteht. Hier finden wir nicht das Konzept von Wahrheit als »adaequatio«, als Übereinstimmung zwischen Wirklichkeit und menschlicher Einsicht, sondern hier ist Wahrheit das Sich-Festmachen-in-Gott, dem allein »Wahren«, das heißt Zuverlässigen und Treuen. Durch sein Tun, durch das Gehen des Weges Gottes geschieht für den Menschen die »Bewährung in der Wahrheit«.[62] So ist »die biblische Wahrheit … eine ›nomadische‹ Wahrheit, deren Ort nicht der Lehrstuhl, sondern das Wüstenzelt ist. In der Wüste ist man nicht sesshaft, man geht, man wandert. Man muss also aufbrechen, aufbrechen vor allem vom eigenen Ich« (R. Vinco).[63]

5 *Jesus, der Weg*

Die Bedeutung des Weges tritt noch einmal nachdrücklich im Blick auf Jesus hervor. Das zeigt sich schon zu Beginn seines Lebens: »Auf der Wanderschaft wird Jesus geboren, und so ist sein Leben von der ersten Stunde an als das Leben eines Wanderers gekennzeichnet« (H. Haag).[64] Tatsächlich ist Jesus von Beginn seiner öffentlichen Tätigkeit an Wanderprediger und führt »ein stetes Wanderleben«.[65] Dauernd unterwegs, hatte er offenbar kein festes Zuhause (vgl. Lk 9,58). Ihm nachzufolgen steht unter der Bedingung, die bisherige Beheimatung zu verlassen und heimatlos den Weg mit ihm zu gehen. So heißt es Lk 9,57f: »Als sie auf dem Weg weiterzogen, sagte ein Mann zu Jesus: Ich will dir nachfolgen, wohin du auch gehst. Jesus antwortete ihm: Die Füchse haben Höhlen und die Vögel des Himmels Nester; der Menschensohn aber hat keinen Ort, wo er sein Haupt hinlegen kann.« Auf diesem Hintergrund wird das »auf dem Wege« *(en te hodo)* in den synoptischen Evangelien zu einer geradezu festen Formel, die vor allem bei Markus zum Ausdruck bringt, dass sich Ereignisse *unterwegs* zugetragen haben (vgl. zum Beispiel Mk 8,27; 9,33f; 10,32; 10,52; Mt 20,17; Lk 9,57). Und im Lukasevangelium werden ganze zehn Kapitel vom Evangelisten in ein Weg-Schema eingefügt, um zu verdeutlichen, dass das Leben Jesu vom »Gehen nach Jerusalem« geprägt ist in der Erfüllung seiner Sendung durch den Vater. »Heute und morgen und am folgenden Tag muss ich weiterwandern« (Lk 13,33).

Dieses Phänomen des ständigen Unterwegs-Seins war in der damaligen Zeit und Kultur nicht völlig neu. Christof May fasst zusammen: »Es gab schon zuvor syrische Wanderpropheten und kynische Philosophen, die zeitlebens lehrend unterwegs waren. Äußerlich pflegten sie einen ähnlichen Lebensstil [wie Jesus], jedoch war dieser anders motiviert. Meist ging es ihnen bei diesem mittellosen Umherziehen um das Erreichen innerer Ruhe und Ausgeglichenheit, oder sie versuchten, dadurch die Welt zu überwinden. Jesus und seine Jünger folgten einem anderen Ideal: ›Mittellos, wehrlos, anspruchslos wussten sie sich diesem Gott ausgeliefert oder sollten sie sich ihm überantwortet wähnen, der daran war, seine Herrschaft aufzurichten‹.«[66]

Das Unterwegssein Jesu und seiner Jünger spielte sich vor allem in der Natur ab. Hier werden die entscheidenden Gespräche über das Reich Gottes geführt, hier finden die wichtigsten Predigten statt. Davon künden viele Gleichnisse aus der Natur: Landschaften, Tiere, Blumen, Berge, Seen, Wüsten sind ganz »spontan« in die Verkündigung des Reiches Gottes hineingenommen. Wer hören will, muss sich mit Jesus auf den Weg durch Gottes gute Schöpfung machen und ihn unterwegs begleiten, auch wenn die Gefahr besteht, »auf dem Weg zusammenzubrechen« (vgl. Mk 8,3).

Jesus war nicht nur ständig unterwegs, zu seiner Verkündigung gehörte es auch, den »Weg Gottes« zu lehren. Dazu greift er auch das bereits in der jüdischen Tradition gegebene Bild von den »Zwei Wegen« auf, von denen der eine zum Tod, das andere zum Leben führt (vgl. Mt 7,13f).[67]

Wie schon erwähnt, wird bei Lukas der Weg Jesu (nach Jerusalem) sogar zum wichtigsten Gliederungselement seines Evangeliums. Aber auch bei Mk 10,32 und Mt 20,17 findet sich das Motiv des »Weges Jesu nach Jerusalem«. In Jerusalem aber ist der Weg nicht einfach beendet: Nach seiner Auferstehung werden die Jünger aufgefordert: »Geht hinaus in die ganze Welt …« (Mk 16,15; Mt 28,19). Das heißt: Der Weg Jesu findet dadurch seine Vollendung, dass die Glaubenden den Weg Jesu fortführen.

Gewiss, die Worte »Gehen« und »Weg« dürfen hier nicht auf das Fußwandern verengt werden. Und doch ist es tatsächlich so gewesen, dass sich die frühen christlichen Gemeinden gerade aufgrund der ständigen Wandertätigkeit der Jünger Jesu mit großer Geschwindigkeit ausbreiten konnten und die Metaphern des Gehens und des Weges zu wichtigen Selbstdeutungen des Glaubens wurden.

So werden zum Beispiel in der nachösterlichen Zeit »der Weg«, genauer: die »Anhänger des Weges« zur Selbstbezeichnung der Christen (Apg 9,2; 18,25f und öfters); nach 1 Kor 4,17 ist es Paulus, der »seine Wege in Christus« der Gemeinde in Erinnerung rufen lässt, und der Hebräerbrief bewegt sich ganz um die Thematik von der Kirche als »wanderndem Gottesvolk«.[68] Darüber hinaus suchte man mit der Metapher des Weges auch das Ziel des Erlösungshandelns Jesu zu erfassen oder auch zu beschreiben: »Er (Jesus) hat uns den neuen und lebendigen Weg erschlossen« (Hebr 10,20). Gemeint ist der Weg zu Gott und zur Gemeinschaft mit ihm. Und in 1 Petr 2,21 heißt es: »Er (Jesus) hat euch ein Beispiel gegeben, damit ihr seinen Spuren folgt.«[69]

All diese Aussagen werden nochmals übertroffen durch Joh 14,4f. Hier heißt es: »Wohin ich gehe – den Weg dorthin kennt ihr. Thomas sagte zu ihm: Herr, wir wissen nicht, wohin du gehst. Wie können wir dann den Weg kennen? Jesus sagte zu ihm: Ich bin der Weg und die Wahrheit und das Leben; niemand kommt zum Vater außer durch mich.« Jesus ist deshalb der Weg, weil er, in allem den Menschen gleich geworden,[70] unseren Weg durch diese Welt teilt, und er ist der Weg *zum Vater*, weil er die Wahrheit und das Leben ist und als »der Sohn« die Vollmacht besitzt, alle Menschen auf seinen Weg in das Haus des Vaters mitzunehmen.

Dabei ist dieser Weg alles andere als ein »Zuckerschlecken«, als leicht und selbstverständlich, er ist nicht die Verlängerung meiner eigenen Wünsche und Vorstellungen. Es ist der Weg des Gekreuzigten, der dem Vater ganz gehorsam war. Deshalb sagt Jesus zu Petrus: »Als du jünger warst, hast du dich selbst gegürtet und gingst, wohin du wolltest. Wenn du aber alt geworden bist, wirst du deine Hände ausstrecken, und ein anderer wird gürten und dich führen, wohin du nicht willst« (Joh 21,18). »Den Weg des Glaubens gehen« heißt so viel wie: den Weg der Weisung Jesu und seiner Nachfolge gehen und sich vom Geist als »Wegführer« leiten lassen. Denn Joh 16,13 heißt wörtlich übersetzt: »Er [der Geist] wird euch als Wegführer in die Wahrheit hineingeleiten« *(hodegései)*.[71] Mit dieser Aussage sowie zum Beispiel mit der Perikope über die »Emmausjünger« (Lk 24,13–35), in welcher der Auferstandene zunächst unerkannt mit den beiden Jüngern den Weg geht, wird der schon alttestamentliche Grundgedanke von Gott als dem Weg-Gott, der mit den Menschen geht und auf dem Weg ihnen sein Wort zukommen lässt, aufgegriffen.

6 Gehen in der frühen Christenheit

Eine besondere Bedeutung nimmt das Gehen des Weges Gottes für die frühe Christenheit an. Die Christen verstanden sich nicht nur generell als »Fremde und Gäste« in dieser Welt (1 Petr 2,11), viele Gemeinden fühlten sich darüber hinaus in schmerzhafte Widersprüche verwickelt und ins Abseits gedrängt seitens der umgehenden Kultur, die ganz anderen Werten und Sitten folgte, als sie dem neuen Leben in Christus entsprachen. Deshalb konnte es in bestimmten Situationen (wie sie zum Beispiel in der Johannes-Apokalypse greifbar werden) für die Christen nur eines geben: »Verlass die Stadt [nämlich ›Babylon‹, das Symbol gottferner Kultur}, mein Volk, damit du nicht mitschuldig wirst an ihren Sünden« (Offb 18,4). Weggehen also als Forderung radikaler Abgrenzung von der bestimmenden heidnischen Gesellschaft! Eine nur geistliche oder/und auch eine leibhaftige Forderung?

Aufs Ganze gesehen bildeten sich in der nachösterlichen Zeit stabile Ortsgemeinden von Jüngern Jesu, die aufgrund ihrer wirtschaftlichen und familiären Situation ihr Christsein nicht als ständiges Unterwegssein verwirklichen konnten. Dafür aber, dass dieses Ideal nicht in Vergessenheit geriet, sorgten die sogenannten Wandercharismatiker,[72] die wie Jesus ständig unterwegs waren, Distanz zu ihrer Familie hielten und auf allen Besitz verzichteten. Selbst heimatlos gründeten sie Gemeinden und gingen dann von Gemeinde zu Gemeinde, um dort das Wort Gottes zu verkünden, Konflikte zu lösen und als geistliche Autoritäten Orientierungspunkte ersten Ranges zu sein.

Das Ideal der Wandercharismatiker wurde bald abgelöst durch das Mönchtum, aus dem einige die Lebensform einer »asketischen Heimatlosigkeit« verwirklichten.[73] Der Mönch will nicht nur die Nachfolge Jesu wortwörtlich ausüben, er versteht sich auch radikal als »Pilger und Fremdling« in dieser Welt, der, um die »Sehnsucht nach dem Jenseits in sich zu nähren, freiwillig auf alles verzichtet, was ihn auf dieser Welt sesshaft machen könnte« (J. Leclercq).[74] »Daher geht er in die

Fremde, wo er schutzlos den Gefahren durch andere Menschen oder Naturgewalten ausgesetzt ist. Sind dies zunächst die östlichen Mönche, die in die Wüste auswandern, … so wird dann auch vom westlichen Mönchtum das Ideal der asketischen Heimatlosigkeit aufgegriffen« (Chr. May).[75] Besonders sind hier die iro-schottischen Mönche zu nennen, denen hauptsächlich die Missionierung eines großen Teils Mitteleuropas zu verdanken ist. Dabei war aber ihre Missionsarbeit nur »Nebeneffekt der lebenslangen *peregrinatio* [Pilgerfahrt], die das Ausland sucht, um sich von den Bindungen der Welt zu lösen und frei zu werden für das himmlische Vaterland« (J. Leclercq).[76] Ständiges Pilgern ist für sie Freiheit von Bindung an diese Welt und Freiheit für die Verheißungen Gottes, zu denen man ganz leibhaftig unterwegs ist.

Auch wenn diese Sonderformen christlichen Lebens nur für eine Minderheit infrage kamen und kommen, wahr ist und wahr bleiben wird auch für alle künftigen Generationen, dass das Leben jedes Christen ein Weg ist, so wie Martin Luther es formuliert: »Das Leben ist nicht ein Frommsein, sondern ein Frommwerden, nicht ein Gesundsein, sondern ein Gesundwerden, überhaupt nicht ein Wesen, sondern ein Werden, nicht eine Ruhe, sondern eine Übung. Wir sind's noch nicht, wir werden's aber. Es ist noch nicht getan und geschehen, aber es ist im Schwang. Es ist noch nicht das Ende, aber es ist ein Weg.«[77] Oder im Bild von Rainer Maria Rilke: Gott »ist der Gast, der wieder weitergeht«; Beziehung zum ihm können wir nur halten, wenn wir mit ihm weiter gehen, immer weiter gehen.

II
Auf Umwegen unterwegs

1 Umwege oder Wege?

»Die kürzeste Verbindung zweier Punkte (A; B) ist die Gerade, die von A nach B führt.« So oder so ähnlich haben wir es früher einmal im Mathematikunterricht gelernt. Gegenteil des Begriffs »kürzeste Verbindung« ist der des Umwegs. Dieser wird vom »Duden« definiert als »Weg, der nicht direkt an ein Ziel führt und daher länger ist«. Nun sind aber menschliche Wege, abgesehen vielleicht von Strecken, die mit dem Schiff oder Flugzeug zurückgelegt werden, fast immer Umwege, das heißt Wege, welche in ihrem Verlauf nicht der kürzesten Entfernung entsprechen, sondern die Bodenbeschaffenheit (Wasser, Moor, Fels, Sanddünen), die Art des Bewuchses (Wald, Unterholz …), Anstieg und Gefälle und gegebenenfalls auch die Zugangsmöglichkeit aufgrund der Besitzverhältnisse berücksichtigen sowie – vor allem in Wüstengebieten – das Vorhandensein von Brunnen oder Wasserstellen. Demgemäß gibt es überall auf der

Welt uralte Wege, die jeweils am besten diesen Vorgaben zu entsprechen suchen und keineswegs Direktwege im Sinn der Duden-Definition sind. Ja, auch da, wo man – selten genug – sich selbst einen Weg zum angepeilten Ziel bahnen kann, entspricht dieser in den wenigsten Fällen der kürzesten Verbindung.

Um ein kleines Beispiel aus eigener Erfahrung anzuführen: Während meines Studiums in den 1950er-Jahren in Italien stand damals das sog. »rimboschimento« (Wiederaufforstung) der bis dahin total abgeholzten Wälder Italiens noch am Anfang, und wir konnten auf Ausflügen in die Sabiner-Berge oder Abruzzen fast immer einen Weg nach eigenem *gusto* gehen, ohne der Vorgabe eines festen Weges zu folgen. Nun war es üblich, am Anschlagsbrett unseres Kollegs die Ausflugsziele bekannt zu machen, damit auch andere sich anschließen konnten. Einmal plakatierte ich: »Ausflug von der Mentorella nach S. Vito Romano, *via direttissima*«, das heißt: auf direktestem Weg von der Mentorella, einem Marienheiligtum, zu einem der Castelli Romani. Gleich neben meinem Aushang plakatierte ein Mitstudent: »Mentorella nach S. Vito Romano *via meno diretta*«, also auf einem weniger direkten Weg vom gleichen Ausgangspunkt zum selben Ziel. Während *wir* auf unserer Route dann, um möglichst direkt zu sein, halsbrecherisch eine Felswand herabkletterten, machte die andere Gruppe einen »Umweg« und war bei gleichzeitigem Aufbruch mehr als zwei Stunden vor uns am Ziel. So erwies sich ganz handfest die Wahrheit eines chinesischen Sprichworts: »Wenn du es eilig hast, mach einen Umweg!«

Dennoch: Wege, die nicht direkt zum Ziel führen, gelten in unserer Gesellschaft, die auf Effizienz und Zeiteinsparung (»Zeit ist Geld!«) bedacht ist, als unnötig, »als Zeitverlust, als Leerlauf oder als unnötige Pausen, die nichts einbringen, die auch mit etwas mehr Klugheit und Geduld hätten vermieden werden können« (H. Schaller).[78] Kein Wunder, dass man bei Transporten Flugzeuge, Hubschrauber und Drohnen, die am Direktweg orientiert sind, bevorzugt und – vor allem, was letztere angeht – in Zukunft immer mehr bevorzugen wird.

Doch am vorhin gegebenen Beispiel, das jeder gewiss mit eigenen Erfahrungen ergänzen kann, wird mit aller Deutlichkeit klar: Umwege sind in vielen Fällen gar keine Umwege im Sinne von unnützer Verlängerung oder lästiger Verkomplizierung eines an sich schneller oder leichter zu gehenden Weges. Umwege sind oft die genau richtigen, passenden Wege, während die scheinbar »direkten Wege«, die man etwa bei einer Wanderung einzuschlagen versucht, möglicherweise direkt in den Abgrund führen können. Dabei hängt die Qualifizierung, welcher Weg nun ein wirklicher oder ein nur scheinbarer Umweg ist, auch wesentlich mit von demjenigen ab, der den Weg geht: Für einen geübten Bergwanderer mag ein streckenmäßig direkter, aber schwieriger Weg die beste Verbindung zum Ziel sein, während für jemand anderen eine längere, aber leichter zu bewältigende Strecke der angemessene Weg ist. Deshalb gibt es in einigen Regionen auf Wegweisern für Wanderer über die verschiedenen Wegalternativen hinaus auch qualifizierende Angaben (»Nur für geübte Kletterer«; »Trittsicherheit gefordert!«; »Auch für Kinder!« und dergleichen), damit jeder unter Abschätzung der eigenen Kräfte und des von ihm gewählten Ziels »seinen«, das heißt den ihm angemessenen Weg finden kann. Angesichts dessen ist es gar nicht so leicht auszumachen, was nun ein wirklicher oder ein nur scheinbarer Umweg ist.

Aber natürlich gibt es »wirkliche« Umwege, nämlich Wege, die man etwa aus Gedankenlosigkeit, Unaufmerksamkeit, Ignoranz oder dergleichen einschlägt, die sich aber völlig überflüssigerweise in die Länge ziehen und nur Kraft und Energie, Zeit und Ruhe rauben und gelegentlich das Ziel ganz aus den Augen verschwinden lassen.

Wie es schwierig ist, zwischen wirklichen und nur scheinbaren Umwegen zu entscheiden, so ist auch nicht immer von vornherein entscheidbar, ob ein Weg nicht nur ein Umweg, sondern auch ein Irrweg oder Abweg ist[79] oder gar ein »Holzweg«, also eine Sackgasse in unwegsamem Waldgelände, die irgendwo abbricht und überhaupt nicht weiterführt.[80] Zwar kann man definieren, dass Irr- oder Abwege solche Wege sind, die nicht zum Ziel führen. Doch weiß man dies nicht schon beim Einschlagen eines solchen Weges (sonst würde man ihn ja in den meisten Fällen nicht wählen), vielmehr stellt sich – sofern man nicht eindeutigen ausgetretenen

Wegspuren oder Wegweisern oder Karten folgt – nicht selten erst beim Gehen heraus, ob ein Weg zielführend ist oder nicht. »Du musst den Weg gehen, um zu erfahren, ob es der richtige ist«, lautet eine Devise, die in verschiedenen Fassungen überliefert ist.[81] Stimmt nach längerem Gehen die Richtung partout nicht oder verläuft der Weg ständig in Gegenrichtung zum Ziel, muss man reagieren, und dies kann auf dreifache Weise geschehen: (1) Man gibt das Ziel auf und folgt dem einmal eingeschlagenen Irrweg, aus Bequemlichkeit oder weil die Kräfte zum Suchen des richtigen Weges fehlen oder weil man das ursprünglich ins Auge gefasste Ziel jetzt als keiner großen Anstrengung mehr lohnend einschätzt. (2) Man schlägt den Rückweg bis zu jenem Punkt ein, wo sich der Irrweg vom rechten Weg getrennt hat, und geht ab dort den zielführenden Weg. (3) Man sieht zwar ein, dass ein »Weiter so!« nicht zum Ziel führt, geht aber nicht zurück, sondern versucht, vom erreichten Punkt des Irrweges aus sich neu auf das Ziel hin zu positionieren und dorthin einen neuen, bis dahin unbekannten, vielleicht auch gar nicht vorhandenen oder trassierten Weg einzuschlagen.

Im zweiten und dritten Fall führt dies zu »Brüchen« oder gar »Abbrüchen« des bis dahin gegangenen Weges. Und das ist nicht selten verbunden mit leidvollen Mühen und schmerzlichen Anstrengungen, einen nun verlängerten oder gar erst neu zu findenden und zu bahnenden Weg zu gehen. Aber nur um den Preis eines solchen »Bruchs« kann der Weg auf das Ziel hin weitergeführt werden. Verzichtet man auf den »Bruch«, verfehlt man – wie im ersten Fall – das Ziel.

In allen drei Fällen ist das Gehen eines Irrwegs nicht einfach sinnlos und vergebens: Man hat ja neue Wegerfahrungen gemacht, vielleicht sogar einen ganz neuen Weg entdeckt. Was zunächst ein Abweg im negativen Sinn zu sein schien, hat sich – freilich nur dann, wenn man ihn als solchen identifizierte und daraus die Konsequenz für eine Weg-Neubestimmung zog – als neue Perspektive erwiesen. Das Wort, das Kurt Tucholsky salopp von Umwegen sagte, gilt auch von Irrwegen: Sie »erweitern die Ortskenntnis«, das heißt sie lassen das größere Panorama entdecken, in welchem sich das Gehen bewegt. Ein wenig anders, aber in der gleichen Richtung formuliert es eine Tuareg-Weisheit so: »Wenn man einen Weg verliert, lernt man ihn kennen«, *ihn*, das heißt: den richtigen Weg, weil man ihn nun in ein größeres Ganzes einordnen kann. Ja, selbst wenn man nach der Feststellung: Ich bin/wir sind auf einem Irrweg!, die Konsequenz einer Wegkorrektur nicht ziehen will oder kann, vermag – auf die Spitze getrieben – jeder Abweg letztlich doch zum Ziel zu führen, dann nämlich, wenn man einmal die Welt umrundet hat und dann das Ziel von der andern Seite her wieder neu vor Augen gestellt bekommt. Dieser Gedanke von der Weltumrundung, um danach noch einmal neu beginnen zu können, findet sich in einem etwas anderen Kontext schon bei Heinrich von Kleist: »Das Paradies ist verriegelt und der Cherub hinter uns;

wir müssen die Reise um die Welt machen und sehen, ob es vielleicht von hinten irgendwo wieder offen ist«[82] – wieder offen nämlich auch für ein neues Anpeilen des einmal verfehlten Ziels.

So zeigen sich Wege, Umwege und Irrwege, wenn man sie in den Zusammenhang einer umfassenden großen »Tour« stellt, auf der man seine Wege stets neu auf das Ziel hin justiert und korrigiert, ja, wo man vielleicht sogar auch ein zunächst undeutliches Ziel schärfer ins Auge fasst, als ein einziges großes Ganzes.

Auch hierfür ein Beispiel, das sich tief in mein Leben eingeprägt hat: In den 1970er-Jahren waren wir – mit Geländewagen – in der Sahara unterwegs und wollten unter anderem auch den höchsten Berg der algerischen Sahara, den Tahat (2908–3003 Meter gemäß unterschiedlichen Vermessungen), besteigen. Der Anfang des Weges, eine elende Geröll-Piste, wurde uns von Einheimischen gewiesen. Aber dann verlief der Weg sehr bald in eine völlig entgegengesetzte Richtung, nicht nur für kurze Zeit, sondern über weite Strecken hinweg. Mehr als einmal wollten wir aufgeben, zurückfahren und eine Streckenalternative suchen. Doch ganz allmählich stellte sich die Piste in gewaltigen Serpentinen auf die angepeilte Richtung ein. Als wir dann den Gipfel des Tahat erreichten, übersahen wir unter uns die ganze zurückgelegte Strecke mit den riesigen Abschnitten, die wir als »Umwege« oder »Abwege« erlebt hatten. Aber jetzt war unübersehbar klar: Nur diese durch ein ständiges Hin und Her der Himmelsrichtungen und durch lang auszufahrende Serpentinen charakterisierte Piste war im völlig unübersichtlichen Hoggar-Gebirge die einzig mögliche Verbindung, um überhaupt an den Fuß des Tahat zu kommen. Weg und Umweg und scheinbarer Abweg waren zur Synthese eines einzigen stimmigen Wegs zusammengewachsen.

Auch hier gilt für solche und ähnliche Erfahrungen das Wort Goethes:

> Alles Vergängliche
> Ist nur ein Gleichnis;
> Das Unzugängliche,
> Hier wird's Ereignis.[83]

Das heißt für unseren Zusammenhang: Wie sich ganz allgemein im leiblichen Gehen etwas Tieferes, Geistiges ausdrückt (vgl. S. 11–12), so drückt sich auch im Zurücklegen der verschiedenen Weg-»Arten« etwas vom Wesen der menschlichen Existenz auf, die zwar stets *zielgerichtet* handelt, ihre Ziele aber fast immer nur auf Umwegen (auf scheinbaren oder wirklichen) und meist nicht ohne Ab- und Irrwege erreicht.

2 *Ob Weg oder Umweg – »Geh!«*

Was hat es mit dem »zielgerichteten Handeln« des Menschen, von dem soeben die Rede war, auf sich? Was ist damit gemeint? Zunächst etwas sehr Schlichtes und

Selbstverständliches. Wenn immer wir etwas tun, so tun wir es, um etwas Gutes zu erreichen, etwas Gutes für uns und unsern Leib, unsere Karriere, unseren Besitz, unser Vergnügen, unsere Bildung, unsern Geist oder auch etwas Gutes für andere, für geliebte und geschätzte Menschen, für die Gesellschaft, für eine heile Umwelt, für den Frieden. In diesem zielgerichteten Handeln auf etwas Gutes, man kann auch sagen: auf größeres Glück hin, zeigt sich jedoch, dass das Erreichte nie das letzte Ziel ist. Das angestrebte Gute löst auch dann, wenn es erreicht wurde, immer sofort ein neues Streben nach »mehr« und »anderem« Gutem aus, und dies in einem unabschließbaren Prozess: Der Mensch bleibt ständig auf dem Weg zum Gutem, zum Glück, er muss »immer noch mehr wollen, ohne dass er doch durch bloße Anhäufung von solchem ›noch-mehr‹ je das, worum es ihm immer schon geht, wesentlich auszufüllen vermöchte«, so fasst Bernhard Welte die diesbezüglichen Aussagen des Thomas von Aquin zusammen.[84] Immer bleibt ein offener Rest, ein Verlangen, eine Sehnsucht nach »mehr« und »anderem«. Diese kann überdeckt und geleugnet werden, indem man sich mit dem jeweils erreichten »kleinen Glück« begnügt. Doch ist die Folge dann nicht selten Enttäuschung und Depression, Zynismus und Hoffnungslosigkeit oder – wie Søren Kierkegaard es kurz und bündig nennt – die »Verzweiflung der Endlichkeit«. Das »kleine Glück«, das nicht offen ist für das je größere und das in seiner Zerbrechlichkeit nicht nach Dauer sucht, führt in die Enge und erstickt. So bleibt der Mensch, soll sein Leben gelingen, auf einem zielgerichteten Weg auf das Gute, auf das Glück hin. Er muss immer weiter gehen, gehen, gehen …

Aber was ist dieses »Gute«, wenn das, was von ihm jeweils zu erreichen ist, sich als stets vorläufig erweist? Ein religiöser Mensch wird antworten: *Das* Gute ist schließlich und endlich Gott allein (vgl. Mk 10,18). Im Guten, das wir in unserem Tun anzielen und durch unser Handeln erreichen, empfangen wir *etwas* Gutes, nämlich etwas von den Gaben und Aufgaben Gottes. Diese sind also Zwischenstationen auf dem einen großen Weg zu IHM, dem Ur-Guten, in dem der Mensch nach der Zeit des Unterwegs-Seins endlich Obdach und Heimat findet.

Dieser Weg sieht für jeden anders aus, gemäß den unterschiedlichen Berufungen und Begabungen, die jemand von Gott empfangen hat, aber auch gemäß der verschiedenartigen Weise, wie er in Freiheit auf Anruf und Fähigkeiten Antwort gibt. Dabei ist für jeden der Weg, den zu gehen er eingeladen ist, keineswegs von vornherein klar. Gerade weil es der unendliche Gott ist, der sich dem Menschen in endlichen und das heißt auch: undeutlichen und mehrdeutigen Anregungen, Verweisen und Spuren erschließt, ist nicht ohne Weiteres ersichtlich, wie der Lebensweg eines Menschen, auch wenn dieser bewusst und entschieden auf Gott hin gegangen wird, verlaufen soll. Das Ineinander von vieldeutigen Vor-Gaben Gottes und oft zaghaften Reaktionen der menschlichen Freiheit lässt sich nicht »aufdröseln«. Zwar mag das »talmudische Prinzip« gelten: »Der Mensch wird des Weges geführt, den er wählt«,[85] aber die »eigene Wahl« ist immer schon mitgeprägt auch und sogar vor allem von Vor-Gaben Gottes. Deshalb ist der konkrete Lebensweg – als »Dialog« zwischen den vieldeutigen Vor-Gaben Gottes und meiner oft labilen Freiheit – ein Experiment, das letztlich nur im Gehen selbst bestätigt oder falsifiziert wird. Was hier Weg oder Umweg oder gar Abweg ist, stellt sich meist erst im Gehen heraus.

Aus alldem ist ersichtlich: *Das, was im körperlichen Gehen erfahren wird* und wovon im vorangehenden Abschnitt unter verschiedenen Gesichtspunkten eingehend die Rede war, *ist ein »Gleichnis« (im Sinne Goethes), ein Zeichen und Symbol für das Gehen des Lebensweges mit Gott und auf ihn hin.* Denn ganz viele Charakteristika des Gehens von Um- und Irrwegen finden sich auf dem Lebensweg wieder. Auch für letzteren gilt: Was Weg und was Umweg ist, lässt sich nicht säuberlich und schon gar nicht a priori auseinanderhalten: Was für den einen Weg ist, kann für den andern Umweg sein und umgekehrt. Entsprechend müssen auch die »Weisungen«, die *von außen* an den jeweiligen Weg des Einzelnen herangetragen werden, äußerst diskret und zurückhaltend sein. Das gilt sowohl für Pädagogen, Psychologen und Geistliche Begleiter wie auch für kirchlich-lehramtliche Normen und Gesetze.

Um nur ein konkretes Beispiel zu nennen: Es mag ja sein, dass die Sexualität des Menschen die Höchstform ihrer Verwirklichung in einer unauflöslichen Ehe und zwar in einer für die Zeugung neuen Lebens offenen ehelichen Begegnung findet. Aber das wird vermutlich nur für sehr wenige der Weg sein, der ihnen entspricht und den sie zu gehen vermögen. Wenn diese dann auf verschiedenen »Umwegen« ihre Sexualität realisieren, dürfen solche Wege nicht von vornherein und ohne Weiteres verunglimpft und als sündhaft-widergöttlich qualifiziert werden.

In diese Richtung denkt gerade auch Papst Franziskus. In seinem Apostolischen Schreiben *Evangelii gaudium*[86] wendet er sich »mit dem Grundsatz ›Die Wirklichkeit steht über der Idee‹ [oder auch – so die offizielle deutsche Übersetzung – ›Die Wirklichkeit ist wichtiger als die Idee‹] »gegen moraltheologische Abstraktionen, die die konkreten Lebensbedingungen und einzelnen Lebensgeschichten ignorieren und aufgrund dieser eingeschränkten Sichtweise den Menschen ungebührliche Lasten auferlegen, die Lebendigkeit begraben und das Evangelium verdecken können« (J. Sauermeister).[87] Stattdessen gilt es, »die verschiedenen Formen der Verschleierung der Wirklichkeit zu vermeiden: die engelhaften Purismen, die Totalitarismen des Relativen, … die mehr formalen als realen Projekte, die geschichtlichen Fundamentalismen, die Ethizismen ohne Güte, die Intellektualismen ohne Weisheit«.[88] Das wirkliche Leben des Einzelnen mit dem Auftrag, *seinen* Weg zu gehen und das Ziel *seines* Lebens zu erreichen, steht über dem Totalitarismus einer alle und alles gleichmachenden Idee.

Und deshalb nochmals: Was für den einen Weg ist, kann für den andern Umweg sein und umgekehrt. Doch deswegen ist das Wählen des eigenen Weges keine Sache der Beliebigkeit, Zufälligkeit oder relativistischen Oberflächlichkeit. Das Gehen des eigenen Weges ist schließlich identisch mit meinem Leben und damit eine Sache »auf Leben und Tod«. Alles hängt am Gelingen dieses Gehens, dessen Zielrichtung darum einer sorgfältigen Überlegung und verantwortlichen Wahl unterliegt. Dabei ist ein Wort von Johannes Bours bedenkenswert: »Es gibt Wege, die nur bis zu Ende gegangen werden können, wenn die Wahl für diesen Weg radikal ist, das heißt bis auf die Wurzel geht. Nur dann wachsen mir die Kräfte zu, die mich auch durch lebensgefährliche Krisen bis zum Ziele führen können.«[89] So verlangt das Gehen des Lebensweges von uns noch viel mehr Kräfte, als es beim Gehen einer Wandertour je erforderlich wäre.

Ähnlich wie beim Wandern liegt das, was als Abweg/Irrweg des Lebensweges zu bezeichnen ist, nicht einfach auf der Hand. Vor allem dann nicht, wenn man, wie bei einer Wanderung, grundsätzlich bereit ist, »Brüche« im Gehen des Lebensweges auf sich zu nehmen. Das heißt konkret: Wenn man erkannte Fehlwege korrigiert, gegebenenfalls neue Wege sucht und aus wahrgenommenen »Holzwegen« den Rückweg antritt, bei alldem aber auch neu das Ziel ins Augen fasst. Wenn es darum gerade für die Neuzeit typisch ist, dass viele Biografien durch »Brüche« gekennzeichnet sind, so muss dies nicht unbedingt ein pures Negativum sein: Wege, Umwege, Irrwege und Rückwege können sich zu einem sinnvollen Ganzen zusammenfügen und – im Rückblick! – genau den einen Lebensweg bilden, den der Einzelne zu gehen von Gott gerufen ist.

Auf dieser Linie beurteilt die Heilige Schrift auch den riesigen »vierzigjährigen« Umweg, den Israel durch die Wüste ins Land der Verheißung zu gehen hatte. Dieser Umweg war einerseits Folge von Schuld und Sünde, nämlich des fehlenden Vertrauens Israels in Gottes Führung (vgl. Dtn 1,26ff; Num 20,12), auf der andern Seite bot er die Gelegenheit, sich von Gott »erziehen« zu lassen (Dtn 8,5; 11,2): Das Gottesvolk sollte lernen, JHWH als seinen Gott durch »einen Verstand, der wirklich erkennt, Augen, die wirklich sehen, Ohren, die wirklich hören« (Dtn 29,2f), »wirklich« wahrzunehmen, sich allein an Gott zu halten und sich in eine enge Gottesbeziehung einführen zu lassen, in eine Beziehung, die vor allem der Prophet Hosea als »Brautzeit«, als Zeit intimster Liebe von Gott und Mensch versteht (vgl. besonders Hos 2,16f). So ist und bleibt der Umweg Israels durch die Wüste der *Weg Gottes* mit seinem Volk.

Was sich hier exemplarisch an Israels Aufenthalt in der Wüste ablesen lässt, gilt auch für die Umwege und Irrwege des eigenen Lebens. Sie müssen nicht in jedem Fall als unklare und dunkle Strecken einfach nur negativ gewertet werden, sie können auch dazu herausfordern, sie als Chancen für Neues und Weiterführendes zu betrachten und zu gehen, wie dies am Beispiel einer Wandertour beschrieben wurde (siehe oben S. 50–52).

Aber freilich gibt es auch schlimme, finstere, fatale Abwege mit nicht selten schrecklichen Folgen für den Betroffenen und dessen Umgebung. Die Ursache solcher Umwege steckt oft in der Mitte unseres Herzens. Sie besteht etwa darin, »dass wir uns mit den eigenen stürmischen Gedanken verrannt haben, dass wir ungeduldig mit dem Kopf durch die Wand wollten, dabei aber mehr zerstörten als aufbauten. … Fixe Vorurteile, charakterliche Besserwisserei, eigenmächtiges Drauflosgehen [haben] uns in Sackgassen getrieben, … Übermut [hat] das Leben in Unordnung gebracht« (H. Schaller).[90] Es kann auch sein, dass man deswegen Abwege wählte, weil man den rechten Weg für zu anstrengend oder zu unbequem hielt oder weil man, statt auf »Gutes« hin unterwegs zu sein, ein Ziel vorzog, das im Grunde destruktiv ist und den Einsatz des eigenen Lebens nicht lohnt, sondern sinn- und fruchtlos macht. Statt in Gott Heimat zu suchen, verharrt der Mensch so in einer »transzendentalen Obdachlosigkeit« (Georg Lukács), in der er sich mit einem »Lüstchen für den Tag« und einem »Lüstchen für die Nacht« (Friedrich Nietzsche) begnügt. Wenn man dann – nach vielleicht besserer Einsicht – den Bruch mit dem bisher gegangenen Weg scheut, ist die Tragödie vorgezeichnet. Über solche Menschen – »Frevler« nennt sie der Prophet – schreibt Jesaja:

> Den Weg des Friedens kennen sie nicht, / auf ihren Spuren gibt es kein Recht.
> Sie machen selbst ihre Pfade krumm / niemand, der darauf geht, lernt den Frieden kennen
> Darum bleibt das Recht von uns fern, / die Gerechtigkeit erreicht uns nicht.
> Wir hoffen auf Licht …, / doch wir gehen im Dunkeln. …
> Wir stolpern am Mittag, wie in der Dämmerung, / bei blühender Gesundheit sind wir Toten gleich (Jes 59,8ff).

Deswegen die Mahnung: »Der Frevler soll seinen Weg verlassen« (Jes 55,7) und den rechten Weg suchen und einschlagen!

Zu einem solchen katastrophalen Abweg hätte auch der Weg des sogenannten »Verlorenen Sohnes« (Lk 15,11–32) werden können, da dieser, weg von seinem Vater, in eine Sackgasse führte: von hemmungslosem Vergnügen zum Schweinehüten, von zügellosem Verschleudern des Besitzes zu Hunger und Not. Aber dann schaffte der junge Mann den »Bruch«: Er setzte den bisherigen Weg nicht fort, sondern kehrte um und schlug eine neue Richtung ein. »Ich will aufbrechen und zu meinem Vater gehen!« Man kann diesen »neuen Weg« als »Bruch« mit dem alten interpretieren, aber auch im Bild der Weltumrundung von Kleist (vgl. oben Seite 52) verstehen: In gewisser Weise hat der »Verlorene Sohn« die »Reise um die Welt« gemacht und konnte so neu beim Vater ankommen. Wenn auf diese Weise Wege und Irrwege korrigiert und um des rechten Zieles willen »Brüche« im Leben realisiert und akzeptiert werden, dann können sich auch Abwege und Holzwege in den einen großen Lebensweg auf Gott hin integrieren. Sie können »angenommen« und damit »erlöst« werden.

Schon in den altkirchlichen theologischen Auseinandersetzungen spielte das Prinzip eine wichtige Rolle: »Was nicht angenommen ist, ist auch nicht erlöst.« Im *damaligen* Kontext hieß das: Nur dadurch, dass Jesus Christus unser menschliches Wesen und unsere Welt als seine eigene wirklich angenommen hat, ist alles erlöst und hat alles Hoffnung auf vollendetes Heil. Dieses Prinzip hat dann zum Beispiel C. G. Jung aktualisiert und in die Psychologie und in sein Menschenbild übernommen: »Nichts wird erlöst, außer es werde bejaht.«[91] Das bedeutet für unseren Zusammenhang: Nur wenn wir auch unsere Um- und Abwege annehmen und dazu als Teilstrecken unseres Lebensweges auf Gott hin Ja sagen, bleiben sie nicht als dunkle und oft verdrängte böse Mächte in uns wirksam, sondern sie werden »erlöst«, das heißt sie können Teil unserer *Freiheits*geschichte auf Gott hin werden. Diese Annahme wird sich beim gläubigen Menschen oft im Gebet, in der Zwiesprache mit Gott, abspielen. Hier darf und soll buchstäblich alles einen Platz haben, wie Hans Schaller eindrücklich schreibt:

»Alles! Nicht bloß die missglückten Schritte, durch die wir uns selbst ins Dunkel getrieben haben und die in ihren Folgen verhängnisvoll und zerstörerisch wurden; auch die Jahre gelebter Untreue, Zeiten der Lüge, in denen wir uns so schlecht und recht durchgemogelt haben, Zeiten der Unklarheit, in denen wir ohne feste Ziele in Unfrieden mit der Welt und mit uns selbst gelebt haben. Alles, was von diesen selbstverschuldet belastenden Zeiten noch übrig ist, darf hervortreten. – Aber auch die Lebensabschnitte, wo äußere Umstände, das Milieu uns auf Abwege getrieben haben, all die Jahre, in denen wir wenig Herr unserer Situation waren, wo wir uns vernachlässigt, vielleicht auch ausgebeutet alleingelassen vorgekommen sind – in vielen Dingen verletzt und frustriert. Alles darf und soll zurückkehren, damit in der betenden Zwiesprache mit Gott der verborgenen Sinn solcher Erfahrungen … offenbar werden kann.«[92]

Denn unser Lebensweg geht auf einen Gott hin, der – einem spanischen Sprichwort zufolge – »auf krummen Zeilen gerade schreibt« oder anders – im Kontext unserer Thematik formuliert – »der auf den krummen Wegen mit uns geht und sie zu einem guten Ziel führt«. Darum: »JA zu meinen Umwegen!«

III
Seinen Kreuzweg gehen

1 *Die vielen Kreuzwege und der eine Kreuzweg*

Kreuzwege sind schlicht und einfach *Wege, die sich kreuzen*, konkret: Wege, die *meinen* Wander- oder Lebensweg kreuzen. Als solche sind sie eine Herausforderung allerhöchsten Ranges. Sie stellen ja vor die Entscheidungsfrage: Wie jetzt weiter? In welcher Richtung liegt das angepeilte Ziel? In der gleichen wie bisher, oder gilt es abzubiegen? Nach rechts, nach links? Es gibt Wegkreuzungen, an denen buchstäblich alles: Weg, Richtung, Ziel und damit das Gelingen der ganzen Tour auf dem Spiel steht.

Offenbar haben dies Menschen aller Zeiten so erfahren: »Die einen empfinden eine Wegkreuzung als einen Platz des Chaos, als ein ›Dazwischen‹ von Ort und Zeit – steht man auf einer Wegkreuzung, mag man vergessen, woher man kam, und nicht wissen, welchen Weg man nehmen soll, man ist zwischen den Wegen, nirgendwohin unterwegs. Die anderen mögen Wegkreuzungen als Kraftorte empfinden, wo verschiedene Energielinien aufeinandertreffen, ein Ort, der voller Potenzia[l] und Möglichkeiten ist.«[93] Deshalb spielen Wegkreuzungen in volkstümlichem Brauchtum und Aberglauben eine große Rolle. So heißt es im »Handwörterbuch des Deutschen Aberglaubens«: »Unter den Orten, an denen nach dem Volksglauben das Übernatürliche am mächtigsten wirkt und die daher zu allerhand schützendem oder aber bösem Zauber geeignet sind, stehen die Kreuzwege in besonderem Ansehen«.[94] Gerade weil an ihnen böse, dämonische Mächte lauern, ist man auf besonderen Schutz angewiesen. In der antiken Mythologie schrieb man unter anderem der Göttin Hekate eine besondere Rolle für das Geleit an Kreuzungen zu, aber ebenso wurde Hermes, der Götterbote, dafür namhaft gemacht. Bei den Römern sind Laren (Schutzgeister) vor allem auch an Wegkreuzungen zu Hause.[95] Götter und Geister werden dann in christlicher Zeit durch Kreuze, Heiligenstatuen und Kapellchen abgelöst, die bis heute an Kreuzungen einen bevorzugten Platz haben.

Wenn man das umfangreiche religions- und brauchtumsgeschichtliche Material auf seine eigentliche ursprunggebende Mitte hinterfragt, so dürften für diese »dämonische Sicht« der Kreuzwege die Sorge, das Bedenken und vor allem die *Angst* maßgeblich sein, durch eine falsche Entscheidung an Kreuzungen möglicherweise die rechte Richtung des Weges zu verlieren und auf diese Weise dem »Dämonischen« ausgeliefert zu werden.

Zwar ist man auf den hochmodernen Kreuzungen mitteleuropäischer Straßen mit ihrer geradezu »unfehlbaren« Beschilderung vor solcher »Dämonie« bewahrt. Aber ganz anders sieht es bei der Auszeichnung von Wander- und Nebenwegen aus. Ich selbst habe zweimal auf Nebenstrecken des Santiago-Pilgerwegs erfahren müssen, dass Wegzeichen – wohl bewusst – in falsche Richtungen gestellt waren und mir einmal einen stundenlangen Irrweg bereiteten. In den 1950er- und 1960er-Jahren war bekannt, dass alle Pisten, die auf der Sinai-Halbinsel zum Katharinenkloster führten, falsch beschildert waren, und zwar von Taxi-Unternehmen, die verhindern wollten, dass Touristen mit eigenem oder geliehenem Wagen den Weg auf eigene Faust einschlugen. – Geradezu kriminell wurde es auch vor etwa zwanzig Jahren auf einer unserer Wüstenfahrten durch den Sudan. Die neuesten Landkarten waren damals aus den 1930er-Jahren und stimmten mit der Wirklichkeit kaum noch überein. Kreuzungen von Pisten waren überhaupt nicht oder an ganz anderen Stellen eingetragen. Wenn wir auf Kreuzwege trafen, war dies immer eine herausfordernde Angelegenheit, die uns nicht selten in äußerste Bredouille brachte, zumal kaum Menschen anzutreffen waren, die man befragen konnte. So ist das »Dämonisch-Unheimliche« von Kreuzwegen noch keineswegs ganz verschwunden!

Insgesamt gibt es auf der Welt unzählige Kreuzwege, während die Zahl der Kreuzungen, die eine Herausforderung für eine Wanderung oder den Weg des eigenen

Lebens bedeuten, im Allgemeinen überschaubar sein dürfte. Doch gibt es daneben noch *den einen Kreuzweg*, der am bestimmenden Ende des Lebens Jesu steht. Die Bezeichnung ist hier nicht in erster Linie von sich kreuzenden Wegen her genommen, sondern vom leibhaftigen Kreuz, das Christus nach Golgota trug. Dennoch sind die vielen Kreuzwege und der eine Kreuzweg nicht einfach Äquivokationen, das heißt Bezeichnungen, die als völlig unterschiedene nichts miteinander zu tun haben. Denn auch für Jesus dürfte das Tragen des Kreuzes eine ihn zutiefst berührende Herausforderung gewesen sein: nämlich weiterzugehen auf den sicheren Foltertod hin oder einen anderen Weg zu wählen, nämlich »den Kelch [des Leidens] von sich nehmen zu lassen«, wie es die Ölbergszene als Möglichkeit zeigt (Lk 22,41ff). Auch der Gedanke an Flucht lag äußerst nahe: Gerade der Ölberg, dem letzten Ziel, wohin Jesus von sich aus ging, war – wie jeder bibelfeste Israelit wusste – als Grenzberg zwischen Stadt und Einöde der »natürliche« Ausgangspunkt für eine Flucht in die Wüste. Das »klassische« Beispiel dafür ist die Flucht Davids vor Abschalom (vgl. 1 Sam 15,13ff). Auch die Menschen zur Zeit Jesu haben offenbar empfunden oder geahnt, dass Jesus über andere Möglichkeiten verfügte, wenn sie zwar höhnisch, aber nicht ohne Sinn und Verstand sagten: »Andere hat er gerettet, sich selbst kann er nicht retten. … Er soll jetzt vom Kreuz herabsteigen, dann werden wir an ihn glauben! … Er hat auf Gott vertraut, der soll ihn jetzt retten, wenn er an ihm Gefallen hat« (Mt 27,42f). In der

Tat war es Jesus bewusst, dass er seiner Situation entkommen konnte, sagte er doch zu Petrus: »Glaubst du nicht, mein Vater würde mir sogleich mehr als zwölf Legionen Engel schicken, *wenn ich ihn darum bitte*?« (Mt 26,53). Angesichts dieser Möglichkeit war der Kreuzweg Jesu nicht nur ein Gehen unter der Last des Kreuzes, sondern auch eine ständige Auseinandersetzung, die eingeschlagene Richtung seines Weges im Gehorsam gegen den Vater fortzusetzen oder einen anderen Weg einzuschlagen. Kurz: Jesus ging seinen Kreuzweg angesichts anderer, ihn herausfordender kreuzender Wege.

2 *Zur Entstehung des »liturgischen« Kreuzwegs*

In frühchristlicher Zeit wurde die Wegstrecke, die der kreuztragende Jesus gegangen ist, in einer allmählichen Entwicklung zum Prozessionsweg für glaubende Menschen.[96] So berichtet die Pilgerin Egeria im 4. Jahrhundert, dass die Christen Jerusalems am Karfreitag vom Ölberg zur Grabeskirche zogen, um dort des Prozesses Jesu vor Pilatus zu gedenken. Anschließend ging man privat zum Zion, um dort bei der Geißelungssäule zu beten.[97] Dagegen sind »das Haus des Hohenpriesters … und das Prätorium des Pilatus … zur Zeit der Egeria noch nicht für den Gottesdienst hergerichtet und entsprechend nicht in den ›Kreuzweg‹ einbezogen«.[98] Doch wenig später berichtet der sogenannte Pilger von Bordeaux im *Itinerarium Burdigalense*, dass die beiden Orte zwar besucht werden, doch nur Trümmerreste vorliegen und wohl darum dort keine liturgische Feier stattfand.[95] In diesen Angaben kann man so etwas wie allererste rudimentäre Ansätze für ein »Nachgehen« des Kreuzweges Jesu erkennen. Wenig später zog man in Jerusalem dann vom Haus des Pilatus (Verurteilung Jesu) nach Golgota. Man imitierte also Anfang und Ende des Kreuzweges Jesu.

Dabei ist »Imitieren« ein ganz und gar missverständliches Wort. Es ging und geht nicht um »Nachahmung«, sondern um Ein-»Bildung« (im Lateinischen haben imitare – nachahmen und imago – Bild die gleiche sprachliche Wurzel), es ging und geht darum, dass die »imago Christi« – das Bild Christi, das, was uns von Christi Sein und Wirken vorgestellt ist, in den Jüngern und Jüngerinnen Jesu einge-»bildet«, eingeprägt und ausgeprägt wird, auf dass es im Leben »Gestalt annimmt« (Gal 4,19) und so schließlich alle zusammen »zur Erkenntnis des Sohnes Gottes gelangen, zum vollkommenen Menschen, zur vollen Größe, die der Fülle Christi entspricht« (Eph 4,13). Darum ist es auch so bedeutsam, dass man Christus und seinen Weg nicht einfach nur mit Kopf und Herz »meditiert«, sondern ihn buchstäblich geht. Hier ist an all das zu erinnern, was im ersten Teil ausgeführt wurde: Dadurch, dass ich gehe, verändere ich mich von meinem Seinszustand her, werde ich ein anderer Mensch (siehe oben Seite 17). Im Gehen öffne ich mich mit Leib und Seele für den Weg, den ich gehe und der – im Fall des Kreuzweges – von Christus zuerst gegangen wurde, auf dass ich ihn nachgehen kann.

So zeigt sich, dass es sich beim Nachgehen des Kreuzweges Jesu nicht um eine äußere Imitation handelt, sondern um »Christusmystik«, um tiefstes, persönliches Einswerden mit ihm und seinem Geschick. Deshalb wird in der Nennung der Kreuzwegstationen auch nicht die Vergangenheits-, sondern die Gegenwartsform gebraucht. Nicht: »Jesus *wurde* zum Tod verurteilt«, sondern »Jesus *wird* zum Tod verurteilt«. Es geht nicht um Erinnerung an etwas Vergangenes, sondern um ein »Gleichzeitigwerden« mit Christus und seinem Geschick.[100] Von da aus wird auch verständlich, dass man es nicht bei den ursprünglichen zwei »Stationen« des Kreuzweges (Anfang und Ende) beließ, sondern viele in der Heiligen Schrift genannte »Stationen« seines Weges mitaufnahm (Verurteilung, Annahme des Kreuzes, Hilfe des Simon von Cyrene, Begegnung mit den weinenden Frauen, Kreuzigung, Abnahme des Leichnams und Begräbnis). Auf diese Weise umfasste das Nachgehen des Kreuzwegs bald sieben Stationen. So wurde es im 14. Jahrhundert Jerusalem-Pilgern bekannt. Diese brachten die Praxis des Kreuzweg-Gehens dann in ihre Heimatländer, sie formten hier etwa ab Mitte des 15. Jahrhunderts teilweise mit genauen Maßen des in Jerusalem gegangenen Wegs die Jerusalemer Stationen in Bildern, Zeichen und Verweisen nach. So ging man dann auch in Europa entlang von Darstellungen des Kreuzweges den Weg Jesu nach, sei es – zumeist! – im kleinen, begrenzten Weg des Innenraums einer Kirche, sei es unter freiem Himmel mit gelegentlich recht großen Wegstrecken.

Die »mystische Versenkung« in das Christusgeschehen führte auch dazu, ab dem 16. Jahrhundert weitere Stationen hinzuzufügen (die in der Heiligen Schrift nicht ausdrücklich genannte Begegnung Jesu mit seiner Mutter, sein dreimaliger Fall, das Schweißtuch der »Veronika« usw.). So kam es allmählich zu 14 Stationen, die sich in der Westkirche durchsetzten, während die Ostkirchen zum Teil andere Stationen kennen.[101] Diese dynamische Entwicklung der Stationen ist noch nicht abgeschlossen: In der neueren Zeit wird als 15. Station nicht selten die Auferstehung Jesu angefügt.[102]

Dieses Nachgehen des Kreuzweges Jesu führte zu einer volkstümlichen Andachtsform mit mehr oder minder festem »Ritual«. Sie beginnt mit dem Gebetsruf: »Wir beten dich an, Herr Jesus Christus, und preisen dich. – Denn durch dein heiliges Kreuz hast du die Welt erlöst«, verbunden mit einer Kniebeuge. Darauf folgt eine entsprechende Schriftlesung, sodann eine kurze Meditation(s-Stille), bevor man zur nächsten Station geht. So ist – wie Michael Kardinal Faulhaber es formuliert – »der Kreuzweg ... ein Stück Evangelium, in die Sprache volkstümlicher Andacht übersetzt«.[103]

Wenn es beim Gehen des Kreuzweges darum geht, die Gestalt Christi in sich einzuprägen, so hat doch jeder, auch ganz abgesehen vom Kreuz und Kreuzweg Jesu, sein eigenes »Kreuz« zu tragen und seinen eigenen »Kreuzweg« zu gehen, ob er will oder nicht. Denn unzählig sind die Kreuze, die jedes menschliche Leben so oder so zutiefst berühren und erschüttern können.[104]

Da ist das Kreuz schlimmer Krankheiten und beschwerlichen Alterns, unerträglicher Behinderungen und bitterer Abhängigkeiten von Instrumenten und Medikamenten, von Pflegern und Therapien. Da ist schließlich das Kreuz der im Alter erlöschenden Kräfte und eines mühseligen Sterbeprozesses. Da sind die Leiden des Leibes, verursacht von Unfällen, Naturkatastrophen, Kriegen und Hungersnöten.

Schlimmer noch, da sind die vielen Kreuze seelischer Leiden: das Leiden an den eigenen Grenzen und Beschränkungen, an seelischen Verletzungen und abgründigem Dunkel in uns, an Schuld und Sünde. Das Leiden an enttäuschten Erwartungen und zusammengebrochenen Hoffnungen, das Leiden an Arbeitslosigkeit oder beruflicher Überforderung. Dann vor allem das Leiden an den Mitmenschen, an deren Kritik und Überheblichkeit, deren falscher Beurteilung und ungerechter Einschätzung, deren Spott und Rücksichtslosigkeit, Neid und Ehrgeiz, Mobbing und Konkurrenzkampf, kurz: das Kreuz, dass viele mir das Leben versauern und verdrießen.

Noch schwerer wiegt das Kreuz der Liebe. Schon der mittelalterliche Minnesänger Gottfried von Straßburg, Autor des berühmten Liebesepos »Tristan und Isolde«, schrieb den Vers:

> Wem nie geschah von Liebe Leid,
> dem geschah auch Lieb von Liebe nie.
> Liebe und Leid,
> wann ließen die im Lieben je sich scheiden?

Liebe ohne Leiden gibt es nicht und damit auch nicht ohne Kreuz. Man leidet daran, dass der Geliebte nicht so ist, wie man ihn sich ausgedacht, erträumt, erwartet hatte. Man erfährt das Kreuz des Leidens am Anderssein des anderen, an den Kindern, die nicht den Weg gehen, den man sich für sie erhofft hatte, am Partner, der sich anders entwickelt hat und einem fremd geworden ist, man leidet an zu wenig Gegenliebe, Aufmerksamkeit und Anerkennung. Man leidet am Leiden des Geliebten mit.

Und schließlich – last not least – ist da das Kreuz des Leidens an Gott selbst: dass er nicht so ist, wie man ihn an sich wünscht, dass er oft abwesend zu sein scheint, dass sich eine Riesenmauer zwischen ihm und uns Menschen auftürmt, wenn man sich im Gebet an ihn wendet. Meist muss man leben, als ob es ihn nicht gäbe.

Kreuze über Kreuze, die man zu tragen und zu ertragen habe und die den Weg des eigenen Lebens – wie auch den jedes anderen, freilich mit unterschiedlichem Gewicht und bei jedem unterschiedlich – zu einem Kreuzweg machen. Diesen Weg muss jeder gehen. Ihn im Nachgehen des Kreuzwegs Jesu zu meditieren und zu bewältigen, ist der Glaubende eingeladen.

Dieses gläubige Nach-Gehen des Kreuzwegs Jesu hat nicht das Ziel, sentimental-folgenlose Gefühle über das Leiden Christi zu entwickeln. Vielmehr geht es um vier verschiedene Perspektiven:

(1) Ich meditiere das, was Jesus zu erleiden hatte, im Zusammenhang seines Lebens und der in der Heiligen Schrift bezeugten Geschichte Gottes mit den Menschen und versuche, die einzelnen »Stationen« seines Weges auf dem Hintergrund von Schuld und Sünde der Menschheit (und nicht zuletzt der eigenen!), aber auch von Glauben und liebender Zuwendung Einzelner her tiefer zu »verstehen« und in mein Herz »hineinzuschreiben«.

(2) Ich konfrontiere den eigenen Kreuzweg mit dem seinen, das heißt ich versuche, das Kreuz, das ich selbst zu tragen habe, im Licht des Weges Jesu zu sehen, mehr noch: den ganz persönlichen Kreuzweg als Teilnahme am Kreuz Christi zu verstehen und zu bejahen. Was damit gemeint ist, zeigt Kol 1,24f. Hier sagt Paulus von sich, dass er »ergänzt, was an den Bedrängnissen Christi noch fehlt an seinem Leib, der die Kirche ist«. Eine missverständliche Aussage,[105] die der Erläuterung be-

darf! »Ergänzen«, das heißt: das Tun Christi dadurch »ganz« zu machen, dass der Jünger es an sich zur Auswirkung kommen lässt und sich zu eigen macht. »Was an den Bedrängnissen Christi noch fehlt«: »Fehlen« nicht in dem Sinn, dass Christi Tun nicht ausgereicht hätte, sondern in dem Sinn, dass die »Potenzialitäten« (Möglichkeiten und Mächtigkeiten), die darin stecken und die auf volle Verwirklichung ausgerichtet sind, auch tatsächlich realisiert werden. Denn durch das Kreuz Christi ist zwar, wie der Glaube bekennt, die Welt erlöst, das heißt ihre destruktiven Mächte, die immer wieder Friede, Gerechtigkeit und Solidarität zunichte machen, sind vom vergebenden Ja Gottes umfangen und in das Licht einer alles versöhnenden Liebe gestellt. Doch ist diese Erlösung noch nicht am Ziel. Sie ist erst dann völlig verwirklicht, wenn alles Böse und Tödliche der Welt real überwunden ist. Eine Etappe auf dieses Ziel hin ist die Bereitschaft gläubiger Menschen, gegen das Böse, Dunkle und Leidvolle anzukämpfen, wo immer und wie immer es möglich ist. Doch dieser Kampf führt in unserer Welt, wie sie nun einmal ist, unweigerlich ans »Kreuz«: Diejenigen, die sich für die Überwindung des Bösen einsetzen, werden Widerspruch, Widerstand und Leiden erfahren wie Jesus selbst.[106] Die Annahme solchen Kreuzesleidens ist »Ergänzen dessen, was an dem Bedrängnissen Christi noch fehlt an seinem Leib, der die Kirche ist« (Kol 1,24), ist Mitleiden mit Christus, das unter der Verheißung ewigen Lebens steht.

So stellt das Nachgehen des Kreuzwegs Jesu die Frage: Ist das Kreuz, das ich zu tragen habe, auch Konsequenz meines Einsatzes gegen das Böse? Oder gehe ich solchem Einsatz aus dem Wege?

(3) Neben solchem im Kampf gegen die Kreuze der Welt freiwillig übernommenem Kreuz gibt es, solange »die gesamte Schöpfung seufzt und in Geburtswehen liegt« (Röm 8,22) Kreuze, die sich ungewollt einstellen, Kreuze, die man ungefragt tragen muss. Und solche Kreuze sind wohl die meisten. Das Nachgehen des Kreuzwegs Jesu lädt dazu ein, auf das eigene Kreuz zu blicken und im Licht des Kreuzes Jesu seiner zerstörerischen Aggressivität oder auch Tendenz zu Resignation und Verzweiflung standzuhalten und dadurch zu »verwandeln«. Diese Verwandlung wird für den gläubigen Menschen zumeist im Gebet geschehen, das Gott um Kraft, Vertrauen und Geduld anruft, um ein Aushalten in Glaube, Hoffnung und Liebe.

(4) Das eigene Kreuz mit dem Kreuz Christi zu konfrontieren, hat aber noch eine andere Facette: Jeder ist, was das Kreuz angeht, nicht nur Opfer, sondern auch Täter, Täter in Bezug auf das Kreuz Christi selbst (so das Kirchenlied »Ich, mein Herr Jesu, habe dies verschuldet, was du erduldet«) wie auch in Bezug auf Kreuze, die andere zu tragen haben. Für wie viele Menschen mag ich in dem, was ich bin, wie ich mich verhalte oder was ich tue, ein »Kreuz« sein? Dabei gibt es einen ganz engen Zusammenhang zwischen dem Kreuz Christi und den Kreuzen, welche Menschen für Men-

schen bereiten. Denn auch wenn Jesus Christus in die Herrlichkeit des Vaters aufgenommen ist, so bleibt doch ebenso wahr, dass er so lange seine letzte Vollendung noch nicht gefunden hat, als die Glieder seines »Leibes«, deren Haupt er ist, noch leiden müssen und unvollendet sind. Er nimmt weiter teil an unserem menschlichen Geschick.

Biblisch ist dieser Gedanke im Gleichnis vom Weltgericht (Mt 25) mindestens angedeutet. Wenn Jesus Christus in wirklichem Ernst sagen kann: *Ich* war hungrig, nackt, krank ... , so hat er nicht nur in wirklichem Ernst mit den von ihm genannten Leidenden mitgelitten, sondern er leidet zu allen Zeiten und auch heute mit ihnen. Denn noch ist Gott »nicht alles in allem« (1 Kor 15,28); noch »wartet er [Christus!], bis seine Feinde ihm als Schemel unter die Füße gelegt werden« (Hebr 10,13), noch ist er verwickelt in das agonale Geschehen zwischen Gottes Liebe und einer sich verweigernden Welt. Auch das Bild vom Leib Christi, dessen Haupt er selbst ist, legt – weiter gedacht – diese Auslegung nahe: Erst dann kann das Haupt ganz vollendet sein, wenn auch alle Glieder vollendet sind. Bis dahin gilt: »Wenn ein Glied leidet, leiden alle Glieder mit ...« (1 Kor 12,26), und so leidet auch das »Haupt« mit. Auf dieser Linie schreibt Paulinus von Nola, ein wichtiger Briefpartner Augustins: »Von Anfang der Zeiten an leidet Christus in allen, die zu ihm gehören. ... Er trägt auch jetzt unsere Schwächen und Krankheit und weiß unsere Ohnmacht zu tragen, die wir ohne ihn weder ertragen können noch zu ertragen wissen; er selbst, sage ich, erträgt auch jetzt für uns und in uns die Welt, um sie durch sein geduldiges Tragen zu zerstören.«[107]

Der gleiche Gedanke ist bei Augustinus so formuliert: »Seht, Brüder, die Liebe unseres Hauptes [Christus]. Er ist schon im Himmel, und doch leidet er hienieden, solange die Kirche hier leidet. Hier hungert Christus, hier dürstet er, hier ist er nackt, fremd, krank, im Kerker. Was auch immer nämlich sein Leib hier leidet, das – sagt er – leidet auch er.« Und dann bringt Augustinus einen etwas bizarren Vergleich, der aber zeigt, wie realistisch er seine Aussage versteht. Er schreibt: »So ist ja auch an unserem Leib das Haupt oben, die Füße dagegen auf der Erde. Dennoch: wenn dir jemand in einem Menschengewühl und -gedränge auf den Fuß tritt, ruft dann nicht das Haupt: Du hast *mich* getreten? ... Niemand hat deinen Kopf oder deine Stimme bedrängt; die sind ja oben, in Sicherheit, nichts Schlimmes kann sie erreichen. Und doch: weil es aufgrund der innigen Verbundenheit der Liebe eine Einheit gibt, die vom Haupt bis zu den Füßen reicht, hat sich die Stimme davon eben nicht losgelöst, sondern gerufen: Du hast mich getreten! ... So ruft auch Christus, das Haupt, das niemand tritt: Ich hungerte ...«[108] Christus, das Haupt, leidet also mit, wenn seinen »Füßen«, den Gliedern seines Leibes, Leid zugefügt wird. Deshalb wird Jesus auch heute noch im Geschick vieler Menschen verurteilt, zu Fall gebracht, verhöhnt, ans Kreuz geschlagen.

Wenn man also den Kreuzweg Jesu meditierend nachgeht, gilt es nicht nur, das Kreuz Jesu selbst zu betrachten (1), auch geht es nicht nur darum, das Kreuz, das man selbst zu tragen hat, als (2) aktive oder (3) passive Teilhabe an seinem Kreuz zu verstehen, sondern auch darüber nachzusinnen, wie und wo man selbst durch ungerechtes Tun und durch Verweigerung von Liebe am Kreuz anderer *und damit am Kreuz Christi* mitschuldig ist (4).

So öffnet sich beim Nachgehen des Kreuzweges Jesu eine ganze Palette von Meditationsperspektiven. Wenn diese im folgenden Abschnitt noch konkretisiert werden, sollen die verschiedenen Gesichtspunkte nicht im Einzelnen unterschieden und voneinander abgesetzt werden. Bei dem einen wird mehr dieser, beim andern mehr jener Gesichtspunkt leitend sein, so wie es ja auch im spontanen Beten meist einen ständigen Wechsel der Perspektiven gibt.

4 Geistliche Anregungen für das Nachgehen des Kreuzweges

Es gibt außer dem Ur-Kreuzweg in Jerusalem unzählige Nachbildungen in aller Welt, in jeder katholischen Kirche, an vielen Pilger- und Wallfahrtsorten, auf nicht wenigen Friedhöfen. Auch wenn solche Kreuzwege hilfreich sein können, kommt es doch auf ihre materiale Bildlichkeit nicht an. Man kann sich auch in Gedanken, also in inneren Vorstellungen mit dem Kreuzweg

Jesu konfrontieren. Ebenso ist es natürlich zur Meditation nicht absolut notwendig, sich in körperliche Bewegung zu versetzen, obwohl es äußerst förderlich ist, leibhaftig mit den Füßen zu gehen, weil sich auf diese Weise jeder Gedanke, jede Einsicht, jede spirituelle Anregung sogleich leichter auch ins Leibhaftige und damit in das Ganze unseres Lebens umsetzt. Ferner: Beiall dem ist auch nicht die Zahl der sogenannten »Stationen« wichtig, weil diese ohnehin in der Frömmigkeitsgeschichte sehr beweglich war und weiter ist. Man kann auf einem Weg auch nur eine einzige Etappe Jesu betrachten, die im Augenblick vielleicht besonders naheliegt; oder man teilt einen bestimmten längeren Weg in verschiedene Etappen ein, je nach der Zahl der Stationen, die für jemanden hier und jetzt von Bedeutung sind. Nicht die Zahl »14« spielt also eine Rolle. Darum sollen auch im Folgenden nicht für alle 14 »klassischen« Stationen kurze geistliche Anregungen gegeben werden, sondern exemplarisch nur für einige davon. Diese Beschränkung ist umso sinnvoller, als in letzter Zeit Zahl, Inhalt und Ausklang der Stationen in Bewegung geraten sind (siehe oben Seite 72), nicht zuletzt aufgrund des Karfreitagskreuzwegs am Kolosseum in Rom. Auch in manchen Gemeinden werden zur Kreuzwegandacht nur bestimmte, zentrale Stationen aufgegriffen.

Die folgenden Anregungen sind ganz unterschiedlicher Art, sie sind durch Spiegelstriche voneinander abgesetzt als Zeichen dafür, dass es gewissermaßen um einzelne »Aphorismen«, nicht um zusammengehörige, geschlossene Texteinheiten geht. Nicht selten wird darin von anderen Autoren zitiert, wenn diese einen Gedanken besonders kompakt und eindringlich vorlegen.

Diese knappen Meditationshinweise werden bei einigen Stationen unterstützt durch Fotos eines Kreuzwegs, den der Bildhauer Oskar Höfinger, Wien, in die Seitenwände einer Altarplatte eingeschnitzt hat. Der Altar befindet sich jetzt in der Kapelle des Generalats der Schwesterngemeinschaft »Caritas Socialis« in Wien.[109]

1. Station: Jesus wird zum Tode verurteilt

- Alle sind sich einig: ER muss weg! Die jüdischen Autoritäten sagen es, Pilatus stimmt zu, die Massen schreien begeisterte Zustimmung. »Sie schreien, weil andere schreien … Und so wird Gerechtigkeit zertreten, aus Feigheit und Trägheit des Herzen, aus Furcht vor dem Diktat der herrschenden Meinung. Die leise Stimme des Gewissens wird übertönt vom Geschrei der Menge.«[110] Und danach will es keiner gewesen sein …
- »Er kam in sein Eigentum, aber die Seinen nahmen ihn nicht auf« (Joh 1,11). Da die Liebe, die nichts als Liebe ist, in die Welt kommt, findet sie nur Unverständnis, Spott, Verrat, Ablehnung und Hass. Offenbar hält eine vom Bösen geprägte Welt die Liebe nicht aus. So wird Jesus paradoxerweise auch nicht zuletzt deshalb verurteilt, weil er selbst niemanden verurteilt hat.[111]

– Gericht und Urteil stehen allein Gott zu. »Nur einer ist der Gesetzgeber und Richter: er, der die Macht hat, zu retten und zu verderben« (Jak 4,12). Und deshalb: »Richtet nicht, damit ihr nicht gerichtet werdet! Denn wie ihr richtet, so werdet ihr gerichtet werden« (Mt 7,1). »Darum bist du unentschuldbar – wer du auch bist, o Mensch –, wenn du richtest. Denn worin du den andern richtest, darin verurteilst du dich selbst, weil du, der Richtende, dasselbe tust« (Röm 2,1). Sind wir nicht allzu schnell mit Gericht und Verurteilung anderer bei der Hand? Mit dem Gedanken: Der oder die muss weg!, oder wenigstens: Wenn doch der oder die weg wäre!? »Wer aber bist du, dass du über deinen Nächsten richtest?« (Jak 4,12). Richten wir damit nicht zugleich über den »ganzen Christus«, Haupt und Glieder?

2. Station: Jesus nimmt das Kreuz auf seine Schultern

– Riesengroß ist das Kreuz und über-, übermächtig. Es steht in keinem Verhältnis zur winzigen Gestalt dessen, der es zu tragen hat. So zeigt es die Darstellung des Künstlers. Zu Recht! Denn immer bricht das Kreuz als erdrückende, zermalmende Größe ins Leben ein. Niemand kann es sich selbst aussuchen, auch Jesus nicht. Ob der Balken nun schwer oder weniger schwer, groß oder weniger groß ist, ob er splittrig ist und die Haut aufreißt, ob er sich mit scharfen Kanten ins Fleisch einbohrt – all das kommt ungefragt auf einen zu. Genauso wie das Kreuz des Alltags, das trotz seiner Gewöhnlichkeit oft mit einem Riesengewicht das Fleisch unseres Lebens belastet, verwundet und zerfetzt.

– Jesus nimmt das Kreuz an. Nur was angenommen ist, kann erlöst werden, nur was angenommen ist, kann Erlösung bewirken. Durch seine Annahme des Kreuzes geschieht es, dass es seither kein Kreuz auf der Welt mehr gibt, das er nicht mitträgt …

3. Station: Jesus fällt unter dem Kreuz

– Die Übermacht des Kreuzes hat den Träger erdrückt. Jesu Fall macht deutlich, »dass jedes wirkliche Leid irgendwann, irgendwie einmal den Schultern zu schwer erscheinen muss, denn nicht für das Leid, sondern für das Glück sind wir erschaffen. Jedes Kreuz scheint einmal über die Kraft zu gehen. Immer kommt einmal das müde, angstvolle Wort: ›Ich kann nicht mehr!‹«[112]

– Wenn man auf den Boden fällt, erfährt man auch: Der Boden trägt, er trägt in jedem Fall. Und dieser Boden ist für den Glaubenden die Liebe Gottes, tiefer als auf diesen Boden kann man nicht fallen. »Im gefallenen Jesus ist Gott selbst der Boden, die ›Grundlage‹ unseres Lebens geworden.«[113]

4. Station: Jesus begegnet seiner Mutter

– Die Begegnung – so zeigt es der Künstler – geschieht *buchstäblich* im Dunkeln, im Schatten und unter dem übermächtigen Druck des Kreuzes, das Maria mitzutragen scheint. Das ist nicht zufällig so. Denn als sie dazu Ja sagte, Eingangspforte für das Kommen Gottes in die Welt zu sein, wurde dieses ihr Ja, wie jede Entscheidung von Gewicht, angesichts einer unabsehbaren Zukunft getroffen. Was diese Unabsehbarkeit dann in der Wirklichkeit bedeutete, wird jetzt offenbar: Sie muss beim Kreuztragen, Leiden und Foltertod ihres Sohnes dabei sein: mittragend, mitfühlend, mitleidend, voller Schrecken und Angst.

– ER kann die Erwartungen und Hoffnungen, die jede Mutter für ihr Kind hegt, nicht erfüllen, Im Gegenteil! ER muss ihr durch sein Leiden Leid bereiten. Auch hier gilt: Es ist unmöglich, Menschen, die einen lieben, nicht zu enttäuschen.[114]

5. Station: Simon von Cyrene hilft Jesus das Kreuz tragen

– Es gehört Mut dazu, sich helfen zu lassen, noch dazu, wenn man nichts zurückgeben, sondern nur noch mit Hilfe anderer weitermachen kann, wenn man von ihrem Leben leben muss.

– »Jesus und Simon. Sie werden Brüder auf dem Kreuzweg. Geschwisterliche Kirche. Einer trage des andern Last.«[115]

– »Simon von Cyrene half Jesus, das Kreuz zu tragen. Die heutigen Christen laden ihr Kreuz [lieber] auf die Schultern Christi.«[116]

– Wie wird man, wie werde ich Simon von Cyrene für andere?

7., 9. Station: Jesus fällt zum zweiten Mal, zum dritten Mal ... unter dem Kreuz

– Es geht nicht mehr, es geht gar nicht mehr. Der Augenblick absoluter Hilflosigkeit: Das Kreuz lastet, die Kräfte sind dahin, der Weg ist zu lang. Fallen und doch wieder Aufstehen. Weitermachen, auch wenn alles so sinnlos erscheint und alle Wunschvorstellungen dahin sind. Weitergehen, weitergehen ... Vielleicht sogar nochmals fallen und auf dem Boden liegen, um noch einmal mehr zu erfahren, dass der Boden, Gott, trägt.
– »Fällst du das erste Mal, hast du immer noch eine Ausrede, doch wenn du zum zweiten Mal schwach wirst, dann kann dir jeder nachweisen, dass du überhaupt nichts taugst.«[117] Deshalb stemmt man sich mit aller Kraft gegen den zweiten Fall, in dem man die eigene Schwäche zugibt. Doch so rückt man auf die Seite Jesu.
– »Dreimal bist du niedergesunken, dreimal aufgestanden. Lehre mich begreifen, Herr, dass du nicht verlangst, wir dürften nie schwach werden, wohl aber, wir sollen immer wieder aufstehen.«[118]

10. Station: Jesus wird seiner Kleider beraubt

- Die Darstellung zeigt zwei noch irgendwie als Menschen erkennbare Gestalten, die einer dritten die Kleider vom Leibe reißen, so dass diese aber kaum mehr als Mensch zu identifizieren ist. Und in der Tat: »Das Gewand weist dem Menschen seine soziale Stellung zu; es gliedert ihn in die Gesellschaft ein, macht ihn zu jemanden. Die öffentliche Entblößung bedeutet, dass Jesus nun nichts mehr ist – ein Ausgestoßener, der Verachtung preisgegeben.«[119]
- Entblößung heißt: Alles wird Jesus genommen, nur das Kreuz bleibt ihm. Alle Intimität ist dahin. Besser: nur *eine* Intimität bleibt Jesus: die Beziehung zum Vater. Die bleibt auch uns. Immer!
- Das nahtlose Gewand, das man Jesus auszieht, weist zeichenhaft darauf hin, wer der Entblößte in Wirklichkeit ist: der wahre Hohepriester und Mittler zwischen Gott und den Menschen. Denn nach Flavius Josephus war die Nahtlosigkeit des Gewands ein Charakteristikum der hohepriesterlichen Kleidung.

12. Station: Jesus wird ans Kreuz genagelt und stirbt am Kreuz

- Angenagelt ans Kreuz, wird Jesus davon nicht mehr loskommen. Unabänderlich ist das Kreuz. SEIN Kreuz und die Kreuze der Welt.
- Im Kreuzestod kommt die Menschwerdung Gottes an ihr äußerstes Ziel: Gott wurde nicht nur »Mensch«, sondern nahm »Sklavengestalt« an (Phil 2,7), die Gestalt des Menschen, der unter der Sklaverei von Sünde und Tod sein Leben eingebüßt hat. So stößt der Gottessohn bis in die allerletzten Abgründe der Welt vor: ER, der unendlich Reiche, geht ein in die äußerste Armut der Schöpfung (vgl. 2 Kor 8,9), seine »Herrlichkeit« nimmt die Form extremster Erniedrigung und Ohnmacht an. In dieser »Bewegung« von »ganz oben« nach »ganz unten« ist der am Kreuz Sterbende die radikalste Offenbarung der Liebe Gottes.
- ER hängt nun »zwischen Erde und Himmel, von der Erde verstoßen, vom Vater im Himmel verlassen, und gerade so stellt er die Einheit zwischen ihnen her.«[120] Aber nicht nur die Einheit von Himmel und Erde, von Gott und Menschen – dafür steht der vertikale Kreuzesbalken –, sondern auch die Einheit der Menschen untereinander und mit der übrigen Mit-Kreatur – der horizontale Balken.
- »Gott hat seinen eigenen Sohn nicht verschont, sondern ihn für uns alle hingegeben« (Röm 8,32). »Gott der Vater leidet in der Dahingabe und Sendung seines Sohnes, in der Erniedrigung: kein eigenes, sondern

das fremde Leiden seiner Kreatur, des Menschen, dessen er sich in ihm annimmt. Aber eben dieses leidet er in der Erniedrigung seines Sohnes, in einer Tiefe, in der es von keines Kreatur, von keinem Menschen – außer dem Einen, der sein Sohn ist – je erlitten wurde oder erlitten wird.«[121] So leidet der Vater am Sohn und mit ihm, der Sohn leidet mit uns und für uns, und der Heilige Geist, die Liebe Gottes in Person, vereint trotz aller Trennung im Leiden den Sohn mit dem Vater. Im Todesschrei, da Jesus den ihm verliehenen Geist in die Hände des Vaters zurückgibt, empfängt er den Geist neu, den Geist der Auferstehung. Deshalb ist im Kreuzestod Jesu als radikales Zeichen der Liebe des drei-einen Gottes die Auferstehung schon verborgen anwesend. Tod und Auferstehung sind seither nicht mehr zu trennen. »Im Tod ist das Leben.«[122]

15. Station: Der Auferstandene begegnet den Emmaus-Jüngern

– Was am Kreuz noch verborgen war, das Leben im Tod, der Anfang im Ende, das »Neu!« im scheinbaren »Aus!«, wird im Ereignis der Auferstehung den Jüngern und Jüngerinnen kundgetan. Nicht um es nun »zu wissen«, sondern um zu begreifen, dass er, der *für uns* gestorben ist, auch *für uns* auferstanden ist, das heißt dass seine Auferstehung uns allen gilt. Wir alle sind in und mit Christus »auferstanden«. Der Auferstandene bewirkt, dass den Jüngern dafür die »Augen aufgehen« und »das Herz in der Brust brennt« (Lk 24,31f).

– An den Emmaus-Jüngern zeigt sich, welche Voraussetzungen gegeben sein müssen, auf dass Auferstehung erfahren wird:
Sie sind nicht geblieben, wo sie in ihrer Hoffnungslosigkeit waren;
sie machen sich auf den Weg;
  sie gehen;
  sie gehen miteinander;
  sie tauschen sich aus;
  sie nehmen einen Fremden in ihr Gespräch auf;
  sie lassen sich die Heilige Schrift erschließen;
  sie halten Mahl miteinander und einem Fremden.

Alles Voraussetzungen, die auch heute ebenso gelten. Über allem aber steht 1 Joh 3,14: »Wir wissen, dass wir aus dem Tod in das Leben hinübergegangen sind, weil wir die Brüder lieben.« Nur wer liebt, erfährt Auferstehung, nur wer liebt, geht den Weg des Lebens.

Kurzes Resümee

Wir haben gesehen: Gehen ist viel, viel mehr als körperliche Bewegung; Gehen umfasst und erfasst Leib, Seele und Geist. Unser ganzes Leben ist eine einzige große Einladung, stets neu zum Gehen eines Weges aufzubrechen. Nur dann ist es auch unterwegs zu einem Ziel, das zu erreichen sich lohnt. Darum der strikte Imperativ: »Geh!« Oder mit den einladenden Worten von Peter Müller gesagt:

> Wenn du deinem Leben Richtung geben willst,
> musst du aufbrechen und deinen Weg gehen,
> den äußeren und den inneren.
> Dazu gehören
> Straucheln und Fallen,
> Umwege und Irrwege,
> Sonne und Regen,
> schwere Beine und ein müder Geist,
> Sorge und Freude,
> Distanz und Nähe,
> belastende und ermutigende Erlebnisse.
> Doch immer wieder wirst du Menschen begegnen,
> die dich aufrichten oder du wirst selbst aufstehen
> und dem Ziel näher kommen.

Alles kommt darauf an, den ersten Schritt zu wagen,
denn nur mit dem ersten Schritt
gibst du deinem Leben eine Richtung.[123]

Anmerkungen

1 Bundesministerium für Wirtschaft und Technologie, Grundlagenuntersuchung-freizeit-und-urlaubsmarkt-wandern, abzurufen im Internet unter anderem zum Beispiel unter: www.b-b-e.de/fileadmin/inhalte/Mitglieder/mitglieder/dwv_Grundlagenuntersuchung_Wandern.pdf.

2 abzurufen: de.statista.com/statistik/daten/studie/171162/umfrage/haeufigkeit-von-wandern-in-der-freizeit/

3 Dabei liegen die Zahlen für die 16–44-Jährigen noch einmal erheblich schlechter, während gerade die Senioren häufiger wandern.

4 Dem widerspricht nicht, dass gerade in den letzten Jahrzehnten das Pilgern zugenommen hat. Denn in absoluten Zahlen trifft das zwar zu, doch bleibt die Quote in Bezug auf die Gesamtbevölkerung insgesamt ziemlich klein.

5 P. Handke, Gestern unterwegs. Aufzeichnungen November 1987 bis Juli 1990, Frankfurt am Main 2007, 197.

6 Vgl. W. Michaelis, ὅδος, in: ThWNT 5, 42. Siehe diesen Artikel auch für die folgenden Ausführungen.

7 H. Waldenfels, in: LeRe 698. Siehe auch für das Folgende.

8 J. Splett, Konturen der Freiheit, Frankfurt [2]1981, 42.

9 Von dieser Physiologie des Gehens heißt es in dem von Peter Hug überarbeiteten e-Lexikon-Artikel »Gehen« (abzurufen unter: http://peter-hug.ch/lexikon/gehen): »Die Mechanik des Gehens ist, wie überhaupt die ganze physiologische Bewegungslehre, ungemein kompliziert.« Deshalb werden im Folgenden auch nur einige wichtige Grundzüge genannt. Für Weiteres vgl. den genannten Artikel.

10 Hug, Gehen, ebd. Für das Folgende siehe auch: A. Schöpf, Glücklich durch Gehen. Über die Heilkraft des Bergwanderns, Innsbruck 2012, 50–56; ferner (abgerufen: 30. März 2017): http://zeitenschrift.com/artikel/siechen-sie-noch-oder … (mit zahlreichen Belegen) sowie: https://medizinpopulaer.at/archiv/bewegung-fitnesser/details/artikel und: https://paleo360.de/ lifestyle/viele-gruende-mehr.

11 Das Gehen erhöht zum Beispiel »die Aktivität des orbifrontalen Kortex. … Beim Gehen wird also der Teil unseres Gehirns aktiviert, mit dem nicht nur Manager, sondern wir alle unsere Ideen besser und einfühlsamer überdenken und die Sichtweise anderer miteinbeziehen können«: So der niederländische Neuropsychologe E. Scherder, Lass dein Gehirn nicht sitzen, München 2016, 84.

12 So ist Bewegungsmangel weltweit die vierthäufigste Todesursache nach Herz- und Gefäßkrankheuten, Krebs und Infektionen. Siehe Scherder (Anm. 11) 14.

13 R. Stein, Laufen hilft gegen alles, »Zeit«-Online v. 14. März 2012, abgerufen 9. April 2016 unter: http://www.zeit.de/sport/2012–03/laufen-joggen-spazieren-medikamente-bewegung. Ganz ähnlich heißt es in einer Titelgeschichte des »Spiegel« von J. Blech, Faultier Mensch – warum es so wichtig ist, sich zu bewegen, in: Der Spiegel, Nr. 39 (2016) 98–107 mit Bezug auf eine Reihe von Studien: Wenn der Mensch jeden Tag »eine Stunde flott spazieren ginge, wäre er viel seltener krank und würde – statistisch gesehen – sieben Jahre länger leben« (101). Bewegung »wirkt wie Medizin. Sie löst in den Körperzellen eine Fülle von physiologischen Veränderungen aus, die heilsam sind« (103). »Alles in allem haben Ärzte mittlerweile 26 verschiedene chronische Krankheiten ausgemacht, die man mit körperlicher Aktivität wirksam behandeln kann. Die Liste reicht von Angststörungen über Depressionen und Demenz bis zum Rheuma« (105). Dennoch wird Bewegung »zu selten verschrieben und häufig übersehen«. Denn »pharmazeutische Firmen verdienen ihr Geld schließlich mit Pillen und nicht mit Turnschuhen« (ebd.). – Reiches, gleichfalls in wissenschaftlichen Studien gründendes Material zu diesem Thema findet sich auch in: Zentrum der Gesundheit (Luzern), Neun Gründe, warum Spaziergänge so gesund sind, abzurufen: https://www.zentrum-der-Gesundheit.de/gesund-durch-spazierengehen-ia.html. Da aber diese Institution wegen ihrer Nähe zur Pharmaindustrie in einigen Kreisen keinen

guten Ruf genießt, sollen ihre Materialien hier nicht als »Kronzeugen« dienen.

14 Schöpf (Anm. 10) 27f.

15 Das mag zunächst ein Wortspiel sein. Dennoch verweisen einige Autoren auf die sprachliche Herkunft des mit »Gehen« mehr oder minder identischen Wortes »Wandern«. »Wandern«, mittelhochdeutsch *wanderen*, kommt vom althochdeutschen *wantalòn, wentan*, das so viel wie *wenden* oder *wandeln* besagt. Siehe dazu L. Diefenbach, Celtica. Sprachliche Dokumente zur Geschichte der Kelten, Stuttgart 1839. Das Werk ist zu finden: https://www.google.de/search?q=Sprachliche+Dokumente+zur+Geschichte+der+Kelten=utf-8&client (zuletzt abgerufen: 21. November 2016).

16 Zit nach P. Müller, Meine Sehnsucht bekommt Füße, München 2009, 99.

17 So A. Stifter, Hochwald, in: ders., Studien, München 1966, 181–276, hier: 210.

18 Zit. nach Müller (Anm. 16) 75.

19 Vgl. dazu das unsere Gesellschaft analysierende Werk von G. Schulz, Die Erlebnisgesellschaft. Eine Kultursoziologie der Gegenwart, Frankfurt am Main [8]2000. Ferner: H.-J. Höhn, Zerstreuungen, Düsseldorf 1998.

20 Chr. May, Pilgern. Menschsein auf dem Weg, Würzburg 2004, 206.209.

21 Fr. Schorlemmer, Zeitansagen, München 1999, 299.

22 May (Anm. 20) 184 mit Verweis auf: Z. Baumann, Flaneure, Spieler und Touristen. Essays zu postmodernen

Lebensformen, Hamburg 1997. Bei May siehe auch die Seiten 184–196.

23 D. Lienau, Sich fremd gehen. Warum Menschen pilgern, Ostfildern 2009, 143.

24 May (Anm. 20) 186.

25 Das gilt auch für den Fall, dass man beim Wandern kein besonderes Ziel anstrebt, sondern nur wandert um des Wanderns willen. Dann ist eben das Wandern selbst schon das Ziel.

26 Darauf hebt Franz Kafka ab, wenn er – nach einer Erinnerung von G. Janouch, Gespräche mit Kafka, Frankfurt am Main 2008, 59 – ganz allgemein über das *gemeinsame* Reisen bemerkt: »Durch die fremde Umgebung wird uns das Wesensnahe und Verwandte klarer und deutlicher.«

27 St. Kiechle, Grenzen überschreiten, Papst Franziskus und seine jesuitischen Wurzeln, Würzburg 2015, 28.

28 Papst Franziskus, Apostolisches Schreiben »Evangelii Gaudium« (Nr. 221) vom 24. November 2013, VApS 194, 194.

29 R. Vinco, Papst Franziskus und die Sprache der Peripherie, in: K. Appel / J. H. Deibl (Hg.), Barmherzigkeit und zärtliche Liebe. Das theologische Programm von Papst Franziskus, Freiburg im Breisgau 2016, 180–195, hier: 187.

30 H. Schaller, Wachsen im Gebet. Eine ignatianische Vertiefung, Würzburg 2013, 18.

31 Siehe dazu kurz Müller (Anm. 16) 44.

32 Es war mir nicht möglich, dieses immer wieder angeführte Nietzsche-Zitat zu verifizieren. Weder in zwei konsultierten Nietzsche-Lexika noch in den Registern zahlreicher von mir nachgeschlagener Nietzsche-Ausgaben war es zu finden. Allerdings steht es der Sache nach in folgendem Wort: »So wenig als möglich *sitzen*; keinem Gedanken Raum schenken, der nicht im Freien geboren ist und bei freier Bewegung – in dem nicht auch die Muskeln ein Fest feiern. ... Das Sitzfleisch ... – die eigentliche *Sünde* wider den heiligen Geist«: Nietzsche, Ecce homo, WW I (Schlechta), München 1966, 1063–1159, hier: 1084f.

33 F. Nietzsche, in: Die fröhliche Wissenschaft, WW II (Schlechta), München 1966, 7–274, hier: 29.

34 S. Kierkegaard, Brief an Henriette, 1847, in: Briefe, Ges. WW Abt. 35, TB Gütersloh 1985, 168f.

35 Th. Bernhard, Gehen, Frankfurt am Main [22]2015, 84–86.

36 Siehe dazu D. Terstriep, Peter Faber. Freund – Wanderer – Mystiker, Würzburg 2016, 60. Für unserer Thema vgl. auch den ganzen dritten Teil »Wanderer«, 56–76.

37 Lienau (Anm. 23) 50.

38 Näheres dazu bei M. Rosenberger, Wege, die bewegen. Eine kleine Theologie der Wallfahrt, Würzburg 2005 sowie die bereits angeführten Werke von May, Müller und Lienau. Zum religionsgeschichtlichen Hintergrund: B. Kötting, Peregrinatio religiosa. Wallfahrt und Pilgerwesen in Antike und Alter Kirche, Münster 1950.

39 Vgl. dazu die sogenannten »Stufenpsalmen« (Ps 120–134), Wallfahrtslieder auf dem Weg nach Jerusalem, die in späterer Zeit dezidiert eschatologisch verstanden wurden.

40 Auch diese ist ganz wesentlich eine Vorwegnahme der Reise zum Tod wie auch – durch diesen hindurch – zur Gottesschau. Vgl. dazu L. Nigst, Mekka – Ort kosmischer Heilsgeschichte, in: Religionen unterwegs (Wien) 23 (2017) 4–11, hier: 9.

41 A. Grün, Auf dem Wege. Zu einer Theologie des Wanderns, Münsterschwarzach ^{11}2008, 75.

42 Die Worte Fahrt/Fahren haben sprachgeschichtlich die Grundbedeutung von Sich-Fortbewegen, Reisen, Wandern, Gehen eines Weges. Siehe H. Maas, Wörter erzählen Geschichte, München 1956, 57. Siehe auch ebd., 55.

43 F. Hauck / S. Schulz, πορεύομαι …, in: ThWNT 6, 570. Vgl auch für das Folgende.

44 Siehe dazu F. Nötscher, Gotteswege und Menschenwege, Bonn 1958. Eine Stellenauswahl auch in N. Baumert / M.-I. Seewann, Israels Berufung für die Völker, Würzburg 2016, 156.

45 Hauck/Schulz (Anm. 43) 574.

46 Die Vorsokratiker, hg. v. J. Mansfeld, Stuttgart 1987, 315.319.

47 Vgl. S. Rauschenbach, Weg, in: HWP 12, 342f. Dort auch weitere Literatur.

48 Platon, Politeiea, WW (Eigler) IV, 514a ff., Darmstadt 1971.

49 F. Nietzsche, Jenseits von Gut und Böse, WW II (Schlechta), München 1966, 662.

50 M. Heidegger, Wegmarken, Frankfurt 1976, IX.

51 Bernhard (Anm. 35) 27.

52 H. Hesse, Klage, in: Das Glasperlenspiel, Berlin 2012 © Suhrkamp Verlag 2012, 475.

53 Zur Bedeutung des »Weges« in Judentum und Islam siehe Rauschenbach (Anm. 47) (Lit.).

54 Diesen Gedanken greift A. Grün (Anm. 41) auf, wenn er S. 10–11 einige praktische Anweisungen zur Weg-Meditation gibt. Siehe auch Th. Ohm, Die Gebetsgebärde des Gehens, in: ders., Ex contemplatione loqui. Gesammelte Aufsätze, Münster 1961, 376–385.

55 Zit. nach M. Scheuer, Solidarität und Hoffnung angesichts der Leidenden, in: S. J. Lederhilger (Hg.), Warum Leid, Regensburg 2016, 159–186, hier: 173. Und schon vorher finden sich bei Thomas von Aquin Hinweise, dass es gegen geistliche Traurigkeit (Depression) auch natürliche Heilmittel, wie zum Beispiel Bewegung und Gehen, gibt: »Die Traurigkeit steht in ihrer Eigenart der lebensvollen Bewegung des Leibes entgegen. Was daher die leibliche Natur in den ihr angemessenen Zustand lebensvoller Bewegung zurückversetzt, steht der Traurigkeit entgegen und mindert sie«: STh I/II, 38,5.

56 Vgl. Michaelis (Anm. 6) 42–118; Nötscher (Anm. 44), R. Brandscheidt, Weg, in: LThK 10, 997–998.

57 K. Ruhstorfer, Der Gott, den wir brauchen, in: ders. (Hg.), Das Ewige im Fluss der Zeit (QD 280), Freiburg im Breisgau 2016, 113–133, hier: 126.

58 Nötscher (Anm. 44) 8.

59 Nötscher (Anm. 44) 42ff.

60 Siehe dazu Nötscher (Anm. 44) 64ff.

61 Lienau (Anm. 23) 38.

62 Vgl. O. Loretz, Galileo und der Irrtum der Inquisition, Kevelaer 1966, hierin das Kapitel »Die Eigenbegrifflichkeit der Wahrheit im semitisch-biblischen Bereich«, 59–71, hier: 67.

63 Vinco, Papst Franziskus (Anm. 29) 187.

64 H. Haag, Wanderung und Wandlung. Die Lebensform des Glaubenden, München 1973, 45.

65 Michaelis (Anm. 6) 65.

66 May (Anm. 20) 12f. Der letzte Satz ein Zitat von J. Gnilka, Jesus von Nazaret, Freiburg im Breisgau 1990, 176.

67 Vgl. dazu Michaelis (Anm. 6) 71–77; Nötscher (Anm. 44) 64ff.

68 Vgl. zum Beispiel E. Käsemann, Das wandernde Gottesvolk. Eine Untersuchung zum Hebräerbrief, Göttingen [3]1959.

69 Dieses »Bild« entfaltet dann seine ganze Bedeutung, wenn man etwa an einen Weg durch Tiefschnee denkt. Wer als Erster geht (den Weg »spurt«), gibt nicht nur die Richtung vor, sondern muss mit äußersten Kräften auch den Weg allererst bahnen, so dass kraftlosen Mit-

gehern überhaupt erst ermöglicht wird, den Weg weiter zu verfolgen.

70 Dieser Gesichtspunkt findet sich bei Augustinus, der das Wegsein Jesu in dessen Inkarnation begründet. Vgl. Augustinus, In Jo XXXIV, 9 (CC 36, 316): »Induens se carnem, factus est via.«

71 ὁδηγήσειν kommt nur selten im Neuen Testament vor. Im Alten Testament ist es vor allem die »Wahrheit Gottes«, die den Menschen auf seinem Weg begleitet, so beispielsweise Ps 43,3. In Apg 8,31 ist es Philippus, der auf Geheiß Gottes dem äthiopischen Kämmerer Weggeleit gibt, und in Offb 7,17 ist es Christus selbst, der seine Schafe auf den (rechten) Weg führt.

72 Vgl. dazu G. Theissen, Soziologie der Jesusbewegung, Gütersloh [7]1997; K. Niederwimmer, Zur Entwicklungsgeschichte des Wanderradikalismus im Traditionsbereich der Didache, in: ders., Quaestiones theologicae BZNW 90, Berlin-New York 1998, 70–87.

73 Siehe dazu H. Frh. v. Campenhausen, Die asketische Heimatlosigkeit im altkirchlichen und frühmittelalterlichen Mönchtum, Tübingen 1930.

74 J. Leclercq, Mönchtum und Peregrinatio im Frühmittelalter, in: RQ 55 (1960) 212–225, hier: 215.

75 May (Anm. 20) 27.

76 Lienau (Anm. 23) 49.

77 M. Luther, Grund und Ursach aller Artikel D. M. Luthers, so durch die römische Bulle unrechtlich verdammt (1521), WA 7, 299–457, hier: 336. Ähnlich auch

in einem Scholion zu Gal 5,16, in: Collecta ad Paulum, WA 57, 53–108, hier: 102.

78 H. Schaller, Ja zu meinen Umwegen, Mainz 1990, 7.

79 Irrweg und Abweg werden in entsprechenden Wörterbüchern meist als Synonyme angeführt.

80 M. Heidegger, Holzwege, Frankfurt am Main [9]2015, 3 beschreibt Holzwege so: »Holz lautet ein alter Name für Wald. Im Holz sind Wege, die meist verwachsen jäh im Unbegangenen aufhören. Sie heißen Holzwege.«

81 Ähnlich lautet das von Franz Kafka überlieferte Wort: »Die Richtigkeit oder Unrichtigkeit des Weges erkennt man immer erst am Ziel«: bei Janouch (Anm. 26) 96f. Ähnlich auch der spanische Lyriker Antonio Machante: »Caminante, no hay camino, se hace camino al andar.« Näheres zu beiden Worten siehe unter: www.zitate-online.de /sprueche/kuenstler/literaten/16962/wege-entstehen-dadurch-dass-man-sie-geht/html

82 H. v. Kleist, Über das Marionettentheater, in: Sämtliche Werke, München 1967, 945–951, hier: 948.

83 J. W. v. Goethe, Faust II, 5: Bergschluchten (Chorus Mysticus).

84 B. Welte, Thomas von Aquin. Über das Gute, in: ders., Auf der Spur des Ewigen, Freiburg im Breisgau 1965, 177f.

85 Vgl. Sch. Ben Chorin, Mein Judentum, hg. von H.-J. Schultz, Stuttgart 1978, 206. Dieses »Prinzip« beziehungsweise diese »talmudische Paradoxie« hat Johannes Bours zum Titel eines seiner Bücher gewählt (Freiburg im Breisgau 1986).

86 Papst Franziskus, Apostolisches Schreiben »Evangelii Gaudium« vom 24. November 2013, VApS 194, Nr. 231ff, S. 158 ff.

87 J. Sauermeister, »Prozesse in Gang zu setzen anstatt Räume zu besitzen …«. Anmerkungen zu einer moralpsychologischen Relecture des nachsynodalen Apostolischen Schreibens *Amoris Laetitia*, in: IntamsR 22 (2016) 169–181, hier: 171.

88 ebd. Nr. 231, S. 158f.

89 Bours, Mensch (Anm. 85) 13.

90 Schaller (Anm. 78) 12.

91 C. G. Jung, Menschenbild und Gottesbild, WW IV, Olten 1984, 84.

92 Schaller (Anm. 78) 112f.

93 Liath, Die Magie der Wegkreuzungen. Es handelt sich hierbei um einen materialreichen Überblicksartikel, abgerufen am 30.3.2017: https://wegedermagie.wordpress.com/2012/ 05/20/die-magie-der-wegkreuzungen. Vielfältiges weiteres Material lässt sich auch unter den Suchworten: »Kreuzwege Aberglauben« über *Google* finden.

94 A. Klein, Kreuzweg, in: HWDA 5, 516–529, hier: 516.

95 »Sie hatten dann den Beinamen ›compitales‹ (von compita, der Wegkreuzung). Sie sind sehr ortsgebunden und grenzen den Ort, auf den sie sich fixiert haben, gegenüber seiner Umgebung ab und schützen ihn so«: Liath, ebd.

96 Vgl. dazu N. Eckmann, Kleine Geschichte des Kreuzweges: Die Motive und ihre künstlerische Darstellung. Regensburg 1968.

97 Egeria, Itinerarium 36,3, FC 20, 269 f.

98 G. Röwekamp, Einleitung zu: Egeria, Itinerarium, FC 20, 94.

99 Vgl. Itinerarium Burdigalense, CC 175, 1–26, hier: 16f.

100 Vgl. dazu auch M. Faulhaber, Allgemeine Einführung zur Kreuzwegandacht, in: B. Pihan (Hg.), Kreuzeslob, Kisslegg [7]2017, 25.

101 Vgl. beispielsweise den von Patriarch Bartholomäus für den Karfreitags-Kreuzweg 1984 am Kolosseum in Rom verfassten Kreuzweg »Die Ikone«, in: B. Pihan (Hg.), Kreuzeslob, Kisslegg [7]2017, 457–495. Hier fehlen die legendären Stationen der Westkirche. Stattdessen sind andere, biblisch begründete Stationen eingefügt, zum Beispiel Judas verrät Jesus, Petrus verleugnet Jesus, Jesu Verheißung an den einsichtigen Missetäter u. dgl. In die gleiche Richtung geht auch der von Anne-Marie Pelletier verfasste Kreuzweg für Papst Franziskus am Karfreitag 2017 (www.kath.net/news/59235, abgerufen am 10.5.2017).

102 Siehe etwa Chr. Hartl, Kreuzweg Leben. Gedanken von Julius Döpfner zu Reliefs von M. Faller, Würzburg 2006, 64f. Der Verfasser fügt als weitere Station noch hinzu: »Ein Engel verkündet die Botschaft vom Leben.« Bei anderen Autoren lautet die letzte Station: »Begegnung des Auferstandenen mit den Emmaus-Jüngern«

oder »Jesus im Grab und die Frauen« (Papst Franziskus) o. dgl.

103 Faulhaber (Anm. 100) 21–26.

104 Auf den folgenden Seiten sind einige Passagen aus meinem Büchlein *Warum lässt uns Gottes Liebe leiden?*, Freiburg im Breisgau 2007 (Neuausgabe 2017), 11–13, 90–92 angeführt.

105 Dementsprechend sind die exegetischen Kommentare vielfältig und widersprüchlich. Der letzte größere Kommentar: N. Baumert / M.-I. Seewann (Anm. 44) 92 f. übersetzt den Anfang von Kol 1,24 folgendermaßen: »Ich trage, was an den ›Christus-Bedrängnissen‹ (an Sorgen um Christi willen jetzt) nötig ist, dazu meinerseits bei.« Das heißt: »das Leiden Christi« wird hier nicht verstanden als Leiden des Christus selbst, sondern als Leiden um Christi willen für die Gemeinde. Für unseren Kontext ändert das wenig.

106 Gegen manche anderslautende Tendenzen ist zu unterstreichen: Jesus hat nicht Scheitern, Passion und Kreuz *gewollt*. Gewollt hat er die Abkehr des Menschen von der immer neues Leid schaffenden Sünde; gewollt hat er die Freude der Gottesherrschaft und hat sie anfänglich im Einsatz für die Leidenden und im tröstenden Wort der Verheißung zu realisieren gesucht. So war sein eigenes Kreuz die Konsequenz seiner Anstrengung und seines Einsatzes *gegen* die Kreuze der Welt. Darum besagt das Kreuz »keine Anerkennung des Leidens mehr, sondern Auflehnung *gegen* das Leid«: Chr. Duquoc, Das

Kreuz Christi und das Leid des Menschen, in: Concilium 12 (1976) 587–593, hier: 592.

107 Paulinus von Nola, ep. 38, 3, FC 25/III, 862. Auf dieser Linie vermerkt auch Maximus Confessor, der wohl bedeutendste patristische Theologe der orthodoxen Kirchen: Gott leidet »mystisch durch seine Liebe bis ans Ende der Zeit, in dem Maße, wie jeder Leidende leidet«: Maximus Confessor, Mystagogie 24, PG 91,713.

108 Augustinus, Sermo 137,2, PL 38,755. Auf dieser augustinischen Linie gibt es auch eine Anzahl von Äußerungen Luthers, zum Beispiel: »Ist es nicht gut für uns, hier zu weilen, wo alle Glieder mitleiden, wenn ein Glied leidet? … Wenn also ich leide, dann leide ich nicht allein, dann leidet mit mir Christus und leiden alle Christen mit«: Tesseradecas, WA 6, 99–134, hier: 131. Im 19. Jahrhundert ist es vor allem Léon Bloy (1846–1917), der sich vehement gegen einen triumphalistisch über der Welt-Passion schwebenden Gott wehrt: »Juden und Christen … sie beide leben seit mehr als 4000 Jahren in der Wahnvorstellung eines glanzvollen, allmächtigen Gottes. Ich jedoch sage, es ist unsere Pflicht, alles aufzugeben, alles zu veräußern mit dem alleinigen Ziel, Almosen zu geben jenem Herrn, welcher nichts sein Eigen nennt, nichts vermag, der Krüppel ist an allen seinen Gliedern, der übel stinkt, der an allen Mistkübeln des Morgen- und des Abendlandes nach kärglichem Abfall stochert und seit Ewigkeit seine Angst hinausschreit, indem er auf das Glockengeläut des siebten Tages wartet«: L. Bloy, Der undankbare Bettler, deut-

sche Ausgabe Nürnberg 1949, 95 f. (Übersetzung modifiziert).

109 In den 1970er-Jahren erhielt eine Niederlassung der Schwesterngemeinschaft »Caritas Socialis«, Wien, einen neuen Altar. In die Seitenwände der hölzernen Altarplatte schnitzte der Bildhauer Oskar Höfinger einen »Kreuzweg« hinein. Die damalige Generalleiterin der Gemeinschaft bat mich um eine schriftliche Meditation über diesen Kreuzweg. Ich sagte zu, aber: »Nicht jetzt sofort!« Seit diesem »Nicht jetzt sofort« sind über 40 Jahre vergangen. Mit dem Abschnitt »Kreuzwege« dieses Buches kann ich nun diese Zusage, die ich bisher noch nicht erfüllt habe – es ist, glaube ich, die letzte unerfüllte Zusage meines Lebens – jedenfalls zum Teil verwirklichen.

110 J. Ratzinger, Das Weizenkorn. Kreuzweg mit Papst Johannes Paul II., Karfreitag 2005, in: B. Pihan (Hg.), Kreuzeslob, Kisslegg ^{7}2017, 377–425, hier: 384.

111 Vgl. E. Gruber, Kreuzweg beten – Kreuzweg gehen, St. Ottilien 1978, 7.

112 R. Guardini, Der gebahnte Weg. Kreuzweg. in: B. Pihan (Hg.), Kreuzeslob, Kisslegg ^{7}2017, 83–105, hier: 88.

113 E. Gruber, Fort-schreiten. Betrachtungen zu einem Kreuzweg, Niederbergkirchen 2005, 11.

114 Vgl. T. Ivančić, Folge mir nach. Begegnungen mit Jesus auf dem Kreuzweg, in: Pihan, B., (Hg.), Kreuzeslob, Kisslegg ^{7}2017, 131–158, hier: 138.

115 Gotteslob 683,5.

116 L. Bloy, Journal I (1892–1907), coll »Bouquins«, Paris 1999, 451.

117 Ivančić (Anm. 114) 144.

118 Guardini (Anm. 112) 96.

119 Ratzinger (Anm. 110) 408.

120 H. U. v. Balthasar, Zeichen des Widerspruchs. Kreuzweg mit Papst Johannes Paul II, Karfreitag 1988, in: B. Pihaw (Hg.), Kreuzeslob, Kisslegg [7]2017, 427–456, hier: 451.

121 K. Barth, Kirchliche Dogmatik, Bd. IV,2, Zürich [2]1964, 399.

122 Siehe Gotteslob Nr 210.

123 Müller (Anm. 16) 22.

Personenverzeichnis

I

J

K

L

M

N

O

P

R

S

T

V

W

Bibelstellenverzeichnis

Literaturhinweise

Augustinus, In Johannis Evangelium tractatus, CC 35.

–, Sermo 137, PL 38,754–763.

Balthasar, H. U. v., Zeichen des Widerspruchs. Kreuzweg mit Papst Johannes Paul II., Karfreitag 1988, in: Pihan, B. (Hg.), Kreuzeslob, Kisslegg [7]2017, 427–456.

Barth, K., Kirchliche Dogmatik, Bd. IV,2, Zürich [2]1964.

Bartholomäus I., Patriarch, Die Ikone, in: B. Pihan (Hg.), Kreuzeslob, Kisslegg [7]2017, 457–495.

Baumann, Z., Flaneure, Spieler und Touristen. Essays zu postmodernen Lebensformen, Hamburg 1997.

Baumert, N. / Seewann, M.-I., Israels Berufung für die Völker. Übersetzung und Auslegung der Briefe an Philemon, an die Kolosser und an die Epheser, Würzburg 2016.

Bernhard, Th., Gehen, Frankfurt am Main [22]2015.

Blech, J., Faultier Mensch – warum es so wichtig ist, sich zu bewegen, in: Der Spiegel, Nr. 39 (2016) 98–107.

Bloy, L., Der undankbare Bettler, deutsche Ausgabe Nürnberg 1949.

– Journal I (1892–1907), coll »Bouquins«, Paris 1999.

Brandscheidt, R., Weg, in: LThK 10, 997–998.

Bundesministerium für Wirtschaft und Technologie, Grundlagenuntersuchung: Freizeit- und Urlaubsmarkt Wandern

2010. http://www.b-b-e.de/fileadmin/inhalte/Mitglieder/mitglieder/dwv_Grundlagenuntersuchung_Wandern.pdf

Campenhausen, H. Frh. v., Die asketische Heimatlosigkeit im altkirchlichen und frühmittelalterlichen Mönchtum, Tübingen 1930.

Die Vorsokratiker, hg. v. J. Mansfeld, Stuttgart 1987.

Diefenbach, L., Celtica. Sprachliche Dokumente zur Geschichte der Kelten, Stuttgart 1839.

Duquoc, Chr., Das Kreuz Christi und das Leid des Menschen, in: Concilium 12 (1976) 587–593.

Eckmann, N., Kleine Geschichte des Kreuzweges. Die Motive und ihre künstlerische Darstellung. Regensburg 1968.

Egeria, Itinerarium, FC 220.

Faulhaber, M., Allgemeine Einführung zur Kreuzwegandacht, in: B. Pihan (Hg.), Kreuzeslob, Kisslegg [7]2017, 21–26.

Franziskus, Papst, Apostolisches Schreiben »Evangelii Gaudium« vom 24. November 2013, in: VApS 194.

– Kreuzweg am Karfreitag 2017 (Anne-Marie Pelletier) www.kath.net/news/59235.

Gnilka, J., Jesus von Nazaret, Freiburg im Breisgau 1990.

Goethe, J. W. v., Faust, Hamburg 1949.

Greshake, G., Warum lässt uns Gottes Liebe leiden? Freiburg im Breisgau 2017.

Gruber, E., Fort-schreiten. Betrachtungen zu einem Kreuzweg, Niederbergkirchen 2005.

Gruber, E., Kreuzweg beten – Kreuzweg gehen, St. Ottilien 1978.

Grün, A., Auf dem Wege. Zu einer Theologie des Wanderns. Münsterschwarzach [11]2008.

Guardini, R., Der gebahnte Weg. Kreuzweg, in: B. Pihan, (Hg.), Kreuzeslob, Kisslegg [7]2017, 83-105.

Haag, H., Wanderung und Wandlung. Die Lebensform des Glaubenden, München 1973.

Handke, P., Gestern unterwegs. Aufzeichnungen November 1987 bis Juli 1990, Frankfurt am Main 2007.

Hartl, Chr., Kreuzweg Leben. Gedanken von Julius Döpfner zu Reliefs von M. Faller, Würzburg 2006.

Hauck, Fr. / Schulz, S., πορεύομαι ..., in: ThWNT 6, 566–579.

Heidegger, M., Holzwege, Frankfurt am Main [9]2015.

– Wegmarken, Frankfurt am Main 2013.

Hesse, H., Das Glasperlenspiel, TB Suhrkamp Frankfurt am Main 1972.

Höhn, H.-J., Zerstreuungen, Düsseldorf 1998.

Hug, P., Gehen, abrufbar: http://peter-hug-ch/lexikon/gehen.

Itinerarium Burdigalense, in: CC 175, 1–26.

Ivančić, T., Folge mir nach. Begegnungen mit Jesus auf dem Kreuzweg, in: B. Pihan, (Hg.), Kreuzeslob, Kisslegg [7]2017, 131–158.

Janouch, G., Gespräche mit Kafka. Aufzeichnungen und Erinnerungen, Frankfurt am Main 2008.

Jung, C. G., Menschenbild und Gottesbild, WW IV, Olten 1984.

Käsemann, E., Das wandernde Gottesvolk. Eine Untersuchung zum Hebräerbrief, Göttingen [3]1959.

Kiechle, St., Grenzen überschreiten, Papst Franziskus und seine jesuitischen Wurzeln, Würzburg 2015.

Kierkegaard, S., Briefe, Gesammelte Werke, Abt. 35, TB Gütersloh 1985.

Klein, A., Kreuzweg, in: HWDA 5, 516–529.

Kleist, H. v., Über das Marionettentheater, in: Sämtliche Werke, München 1967, 945–951.

Kötting, B., Peregrinatio religiosa. Wallfahrt und Pilgerwesen in Antike und Alter Kirche, Münster 1950.

Leclercq, J., Mönchtum und Peregrinatio im Frühmittelalter, in: RQ 55 (1960) 212–225.

Liath, Die Magie der Wegkreuzungen, abrufbar: https://www.wegedermagie.wordpress.com/2012/05/20/die-magie-der-wegkreuzungen

Lienau, D., Sich fremd gehen. Warum Menschen pilgern, Ostfildern 2009.

Loretz, O., Galileo und der Irrtum der Inquisition, Kevelaer 1966.

Luther, M., Collecta ad Paulum, WA 57, 53–108.

– Grund und Ursach aller Artikel D. M. Luthers, so durch die römische Bulle unrechtlich verdammt (1521), WA 7, 299–457.

– Tesseradecas, WA 6, 99–134.

Maas, H., Wörter erzählen Geschichte, München 1956.

Maximus Confessor, Mystagogie, PG 91, 658–718.

May, Chr., Pilgern. Menschsein auf dem Weg, Würzburg 2004.

Michaelis, W., ὅδος, in: ThWNT 5, 42–118.

Müller, P., Meine Sehnsucht bekommt Füße, München 2009.
Niederwimmer, K., Zur Entwicklungsgeschichte des Wanderradikalismus im Traditionsbereich der Didache, in: ders., Quaestiones theologicae = BZNW 90, Berlin-New York 1998, 70–87.
Nietzsche, Fr., Die fröhliche Wissenschaft, WW II (Schlechta), München 1966.
– Ecce homo, WW I (Schlechta), München 1966.
– Jenseits von Gut und Böse, WW II (Schlechta), München 1966.
Nigst, L., Mekka – Ort kosmischer Heilsgeschichte, in: Religionen unterwegs (Wien) 23 (2017) 4–11.
Nötscher, Fr., Gotteswege und Menschenwege, Bonn 1958.
Ohm, Th., Die Gebetsgebärde des Gehens, in: ders., Ex contemplatione loqui. Ges. Aufsätze, Münster 1961, 376–385.
Paulinus v. Nola, Epistula 38, FC 25/III, 853–879.
Pihan, B., (Hg.), Kreuzeslob, Kisslegg [7]2017.
Platon, Politeia, WW (Eigler) IV, Darmstadt 1971.
Ratzinger, J., Das Weizenkorn. Kreuzweg mit Papst Johannes Paul II., Karfreitag 2005, in: B. Pihan (Hg.), Kreuzeslob, Kisslegg [7]2017, 377–425.
Rauschenbach, S., Weg, in: HWP 12, 342–343.
Rosenberger, M., Wege, die bewegen. Eine kleine Theologie der Wallfahrt, Würzburg 2005.
Röwekamp, G., Einleitung zu: Egeria, Itinerarium, FC 20, 9–115.

Ruhstorfer, K., Der Gott, den wir brauchen, in: ders. (Hg.), Das Ewige im Fluss der Zeit (QD 280), Freiburg im Breisgau 2016, 113–133.

Sauermeister, J., »Prozesse in Gang zu setzen anstatt Räume zu besitzen …«. Anmerkungen zu einer moralpsychologischen Relecture des nachsynodalen Apostolischen Schreibens *Amoris Laetitia*, in: IntamsR 22 (2016) 169–181.

Schaller, H., Ja zu meinen Umwegen, Mainz 1990.

– Wachsen im Gebet. Eine ignatianische Vertiefung, Würzburg 2013.

Scherder, E., Lass dein Gehirn nicht sitzen. Wie Bewegung das Denken verbessert, Depressionen lindert und Demenz vorbeugt, München 2016.

Scheuer, M., Solidarität und Hoffnung angesichts der Leidenden, in: S. J. Lederhilger (Hg.), Warum Leid, Regensburg 2016, 159–186.

Schöpf, A., Glücklich durch Gehen. Über die Heilkraft des Bergwanderns, Innsbruck 2012.

Schorlemmer, Fr., Zeitansagen, München 1999.

Schulz, G., Die Erlebnisgesellschaft. Eine Kultursoziologie der Gegenwart, Frankfurt am Main ^{8}2000.

Splett, J., Konturen der Freiheit, Frankfurt ^{2}1981.

Statistik-Portal »statista«, 2016, abrufbar: de.statista.com/statistik/daten/studie/171162/umfrage/haeufigkeit-von-wandern-in-der-freizeit/

Stein, R., Laufen hilft gegen alles, in: Zeit-Online vom 14. März 2012, abrufbar: http://www.zeit.de/sport/2012–03/laufen-joggen-spazieren-medikamente-bewegung

Stifter, A., Hochwald, in: ders., Studien, München 1966, 181–276.

Terstriep, D., Peter Faber. Freund – Wanderer – Mystiker, Würzburg 2016.

Theissen, G., Soziologie der Jesusbewegung, Gütersloh [7]1997.

Thomas von Aquin, Summa theological (Edition BAC).

Vinco, R., Papst Franziskus und die Sprache der Peripherie, in: K. Appel / J. H. Deibl (Hg.), Barmherzigkeit und zärtliche Liebe. Das theologische Programm von Papst Franziskus, Freiburg im Breisgau 2016, 180–195.

Waldenfels, H., Weg, in: LeRe 698.

Welte, B., Thomas von Aquin. Über das Gute, in: ders., Auf der Spur des Ewigen, Freiburg im Breisgau 1965.

Zentrum der Gesundheit (Luzern), Neun Gründe, warum Spaziergänge so gesund sind, abrufbar: https://www.zentrum-der-Gesundheit.de/gesund-durch-spazieren-gehen-ia.html

Zum Autor

DR. GISBERT GRESHAKE war Professor für Dogmatik und Ökumenische Theologie an der Universität Freiburg im Breisgau. Nach seiner Emeritierung war er bis 2006 ständiger Gastprofessor an der Gregoriana in Rom. Er hat zahlreiche theologische und spirituelle Veröffentlichungen vorgelegt. Der Autor ist begeisterter Wanderer.

VERLAGSGRUPPE PATMOS

PATMOS
ESCHBACH
GRÜNEWALD
THORBECKE
SCHWABEN

Die Verlagsgruppe
mit Sinn für das Leben

MIX
Papier aus verantwortungsvollen Quellen
FSC® C014138
FSC
www.fsc.org

Für die Verlagsgruppe Patmos ist Nachhaltigkeit ein wichtiger Maßstab ihres Handelns. Wir achten daher auf den Einsatz umweltschonender Ressourcen und Materialien.

www.patmos.de

Umschlaggestaltung: Finken und Bumiller, Stuttgart
Umschlagabbildung: Yury Shchipakin/shutterstock.com
Abbildungen im Innenteil: Fotoaufnahmen © G. Greshake
Autorenfoto: privat. Alle Rechte vorbehalten
Gestaltung, Satz und Repro: Schwabenverlag AG, Ostfildern
Druck: Finidr s.r.o. Český Těšín
Hergestellt in Tschechien
ISBN 978-3-8436-1041-4